세상나누기

현대수필가100인선 · 87

세상나누기

정여송 수필선

좋은수필사

■ 책머리에

수필은 누구나 부담 없이 읽고, 마음만 먹으면 직접 쓸 수도 있는 가장 친근한 문학이다. 다른 영역의 문학이 영상매체에 밀려 신음하고 있는 중에도 수필 인구만은 날로 증가하여 바야흐로 수필 전성시대를 구가하고 있는 이유도 거기에 있을 것이다.

시대적 추세에 힘입어 수많은 수필전문지, 수필동인지가 창간되고, 이에 비례하여 신진 수필가도 날로 늘어나다 보니 이제는 그 많은 작가, 그 많은 작품 중에서 문학성 높은 작품을 가려 읽는 일이 쉽지 않게 되었다. 이런 현상은 작가에게나 독자에게나 결코 바람직한 일이 아니다. 더 나아가서는 수필을 연구하는 후세들에게도 큰 부담이 될 것이다.

이런 문제를 해결하는 데는 출판인도 마땅히 한몫을 감당해야 한다는 평소의 소신에 따라, 본사가 기꺼이 그 역할을 맡기로 했다. 그 첫 번째 사업으로 시대를 대표할 만한 수필가 100인을 선정하고, 작가가 자선한 40편 내외의 작품을 수록한 문고본을 발간하여 이를 널리 보급함으로써 그 소임을 다하고자 한다.

본사는 사명감을 가지고 이 사업을 추진해 나가기로 했다. 작가 선정을 전담할 편집위원회를 구성하고 전권을 위임하여 일체의 사적인 정실이나 청탁을 배제함으로써 전문성과 공

정성을 확보해 나갈 것이다.

따라서 이 기획물 속에는 작가의 문학정신뿐만 아니라, 본사의 문학사적 기여 의지와 편집위원 제위의 수필문학에 대한 애정과 문인으로서의 양심이 함께 담겨 있음을 자부한다. 다만, 작가를 선정하는 기준에는 많은 견해의 차이가 있을 수 있고, 선정 과정에서도 미처 챙기지 못한 부분이 있을 것이라는 사실만은 인정하지 않을 수 없다. 이 점에 대해서는 관계자 여러분의 양해 있으시기 바란다.

이 시리즈의 발간 순서는 작가, 또는 본사의 사정에 의한 것일 뿐 그 밖의 어떤 기준도 적용하지 않았음을 밝힌다.

본 기획물이 시대를 초월한 많은 수필 애호가들의 관심과 애정 속에 우리나라 수필문학 발전에 한 이정표가 되기를 바랄 뿐이다.

2010년 12월

좋은수필 발행인 서 정 환
현대수필가 100인선 간행 편집위원 박 재 식 최 병 호
정 진 권 강 호 형
변 해 명

1_부

2_부

3_부

4_부

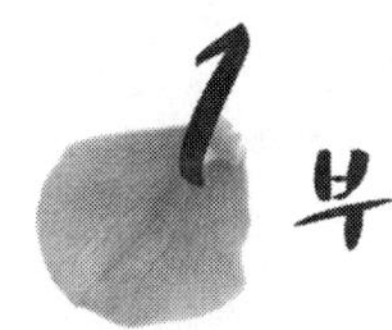

쉼표

목변석木變石

떨켜

소리경

불꽃

흑국석黑菊石

객토客土

'여'

희아리

쉼표

새까맣고 조그만 동그라미에 꼬리가 돋았다. 앙증맞고 분명하고 단정하면서도 꼬리 때문인지 한결 여유가 있어 보인다. 삶의 중심에 항상 머물러 있는 것이었는데 처음 눈에 띄듯 경이롭다.

겉으로 보기에 초라한 작은 점 하나는 시선을 끌 만한 어떤 것도 갖추지 못했다. 그저 화려하게 늘어선 언어들의 도우미로 분주하다. 때로는 너른 들판을 가로질러 유유히 흐르는 강물이 된다. 더러는 미세하고 이슬처럼 영롱한 감성이 넘나들며 시간 속의 시간을, 시작 속의 시작을 만들어내는 길이 된다.

본디 말이 없는 쉼표는 한 템포 늦춘 여운 속에 떨림과 보이지 않는 기운을 가지고 있다. 생각할 수 있는 넉넉함과 쓰고도 남음이 있는 여분을 깔아 놓는다. 문장과 단어 사이에 끼어서 의미를 조절하는 주문도 외고, 옛날과 현재를 하나로 이어 주는 고리가 되기도 한다.

또한, 숨을 쉰다는 단순한 뜻만을 지니고 있지 않다. 파고들 수 있는 새로운 빈지 틈새가 벌어져 있다. 그 틈새로 땀을 씻어 주는 시원한 바람이 불고, 지친 걸음 쉬어갈 수 있는 자리를 마련한다. 숨이 턱에 차도록 읽혀지는 문장 속에서 일단의 멈춤으로 더 많은 뜻을 게워낸다. 꾹꾹 눌러 삼킨 뒤 견디다 못해 조금씩 내뱉는 흔들림 같은 것.

작지만 거대해서 그 무엇도 점 하나의 깜냥을 무시하지 못한다. 굴복시키려고 하는 거창한 언어와 기를 질리게 하는 대단한 글귀일지라도 감히 대적하려 들지 않는다. 그래서 갈채를 보내고 마음도 보낸다. 그 쉼표를 좋아한다. 매력이야 점을 나열하여 말을 포용하려는 말줄임표에도 있고, 늘씬하면서도 감동을 불러오는 느낌표에도 있다. 하지만 단어를 낱낱으로 쪼개어 속뜻을 제 것으로 만들려는 쉼표의 욕심을 나는 더 좋아한다. 묘한 통쾌감과 아우르는 친근감이 묻어나면서도 여유를 던져 주어서다. 생각으로 인한 것이든, 그냥 보인 것이든, 호감을 끄는 알맞은 이유가 된다. 내가 하루하루의 반을 쉼표의 꼬리에 묶어두는 연유도 거기에 있다.

삶의 문장에 꼬리 달린 흑점 하나를 찍으면 여백이 만들어진다. 잔잔히 내리깔린 생각 너머 능선을 응시케 하고, 내면에 침잠해 있는 소리도 일깨운다. 대해의 파도소리나 북소리처럼 크고 묵직한 기백은 가지지 못했다. 쉼표 속에서 들려오는 소리는 속살대듯 조용하다. 하지만 울림이 있다. 그것은 놀고 있는 힘을 솟아오르게 하는 또 다른 힘이다.

땀과 고함 속에 가쁜 승부의 호흡이 넘치는 경기장, 치어리더의 등장은 쉼표이다. 빌딩 숲 속에 나무와 어울려 멋을 부리는 팔각 정자가 그것이고, 널브러진 일을 마무리한 후의 커피 한 잔, 일과 씨름하는 중에 걸려오는 한 통의 전화, 그 모두는 잠시 마음을 걸어두는 옷걸이가 된다. 그렇듯 제 역할을 다하는 것이, 무엇인가를 닮고자 하기보다 홀로 저다운 것이, 작디작지만 큰 것이 쉼표다.

접속연결을 짓기 위한 '그러나' 대신에 깔끔하게 등장하는 그 모습은 가히 매혹적이다. 숨이 차거나 글을 뒤집거나 말이 생각나지 않으면 귀엽게 등장한다. 누군가를 부르거나 대답할 때, 말이나 글을 피워낼 때도 제자리를 찾아 당당히 선다. 느낌 뒤에서는 더 커다란 느낌을 몰고 나타난다. 그 포용력은 큰 글자 하나보다 긴 문장 한 구절보다도 월등하다.

쉼표는 숨 가쁘게 내달리는 행의 진행에 정지신호를 내려 제동을 건다. 가슴을 넓히고 여유를 안기면서 논스톱으로 분주히 살아가는 그대들에게 잠시 쉬어가라고 외친다. 에너지를 모으기 위한 창조적인 게으름을 만끽하라면서 '일시 정지'의 깃발을 든다. 보듬고 다독여 안에서 표현된 진실을 은근히 내비치게 한다. 한 꺼풀 더 들추어 까만 흑점 속의 감흥을 환히 보여준다. 시간을 정지시키고 새로운 얘기를 이엉처럼 엮어낸다.

쉼표를 닮고 싶다. 자세히 살펴보려고 돋보기를 들이대니 검은 모양새가 모든 것을 빨아들이듯 강렬하다. 어두우면서도 우아한 자태가 말보다 강한 침묵으로 숨을 내쉰다. 더할 나위 없이 뛰어난 깊은 품격이 고상하게 어려 있다. 무기교의 기교가 윤을 내며 넌출져 흐른다.

쉼표처럼 말없는 말로 온기를 전해주는 사람들이 있다. 약점밖에는 자랑할 것이 없는지 스스로 낮아지려 한다. 슬픔을 안은 사람 곁에서 눈물을 거둘 때까지 기다려 주는 배려가 깊다. 아픔을 삭이느라 허허 웃기만 하는 탈바가지의 속마음처럼 모든 것을 침묵 속에 간직한다. 삶의 앞모습보다는 숨겨진 뒷모습을 더 생각하라며 토를 단다.

우리들은 많은 쉼표를 접하면서 삶을 키워간다. 삶을 키우는 시간은 열변을 토해내고 고함을 치는 때가 아니다. 숱한 말을 안으로 곰삭히는 말없음과 빈자리로 남은 순간이다. 농염한 음색과 눈부신 솜씨로 만든 노래라기보다 지니고 있되 보이지 않는 곳에서 피워내는 미덕이다.

(2000)

목변석木變石

몇천만 년이 아롱져 있다. 침묵이 두텁게 흐를 뿐 어느 한 곳에서도 느슨함이나 빈틈이 보이지 않는다. 장구한 세월이 농축된 만큼 단단함의 서슬이 빛을 낸다.

멀리서 볼 땐 영락없는 나무였다. 가까이 다가가니 돌덩이다. 손으로 만져본다. 차다. 생각에 잠겨 응시하면 어떤 덩어리의 형체가 다가오고 또 생각을 내려놓고 바라보면 텅 빈 공간으로 펼쳐진다. 경북 영덕을 지나 강구라는 곳. 경치 좋은 해변 도로의 휴게소 같은, 동해가 내려다보이는 언덕에 그것들이 모여 있었다.

규화목이다. 광물화된 나무의 유체遺體. 미라. 제2 전시실에는 그것들의 속내를 발가벗기기라도 할 듯이 단면을 매끄럽게 가공하여 전시해 놓았다. 표면에는 쌓인 시간이 눌려져 있고 발자취가 그려져 있으며 기쁨인가 고통인가 싶은 무늬가 새겨져 있다. 알지 못할 어떤 뜻을 한입 크게 물고 있는 것처럼 보이기도 한다. 다가가 가만히 안아본다. 그것에 녹아 있는 삶을 마음으로부터 읽는다. 희미한 여백만 보인다. 조그마한 손전등이라도 들어야 할까 보다. 다시 닭이 모이를 쪼듯 낱낱으로 쪼갠다. 그러나 내 힘으로는 도저히 해독할 수 없는 난수표가 되고 만다.

세월이 과도하게 흐르면 나무도 돌이 되는가. 나무는 돌이 되기 위해 목숨을 버리고 돌은 나무가 되기 위해 열병을 앓았나 보다. 신탁이듯 운명이듯 만난 돌과 나무. 그것들은 서로 배격하거나 대립하지 않았다. 되레 희망을 품도록 위로하였다. 상상하기 어려운 일이지만 서로가 서로에게 기대면서 '나'가 되었다. 그러더니 의미와 무의미의 경계가 사라졌다. 확고한 사실이나 진리라고 여겨왔던 것들도 무너져내렸다. 나무 반, 돌 반이 될 수 있었던 증빙서류감이다.

옛날, 아주 멀고 먼 그 옛날. 수용성 규산은 진작 알아차렸다. 생물은 죽으면 썩어 없어진다는 것을. 또한 어떤 특별한 환경을 만들어 주면 화석이 될 수 있다는 것을. 그랬기에 지각변동으로 쓰러지게 된 나무를 살려내고자 모험을 걸었다. 보통을 넘어선 생각으로, 뭔가 다른 관점으로, 보이는 면이 아니라 숨겨진 다른 면을 이해하려고 깊이 헤아렸다. 속 깊은 근심걱정이고 거부할 수 없는 애정이었다.

어쩌면 괜한 일이라며 빠지지 말라고 붙잡는 생각과, 벅찰 정도의 커다란 짐이 될 수 있다는 부담과, 너 아니면 할 수 없다는 유혹 사이에서 위태위태한 줄타기를 했을 성싶기도 하다. 그러나 한다면 하고야마는 의지와, 하기로 했으면 하고야 마는 결심으로 밀고 나갔다. 수용성 규산의 숭고한 흐름이 시작되었다. 무지하게 오랜 세월을 쓰러진 나무 속으로 사려 깊게 배어들고 또 배어들었다. 산소를 차단시키고 침입자와 전투를 벌이며 나무를 보호하였다. 지극 정성으로. 그 대담성은 반 범죄적이기도 하지만 영웅적인 행위이기도 하였다. 수용성 규산 스스로를 축복하는 질탕하면서도 엄숙한 축제였다.

쓰러진 나무의 속내도 엿들어 본다. 꺼져가는 생명이니 불꽃을 댕겨 줄 지푸라기라도 잡고 싶었다. 어디로 가야 하는지 모르면서 어디론가 가야만 하는 방랑자가 되었다. 애먼 일이었으니 그대로 소멸되기란 억울한 일이지 않았겠는가.

우연이었다. 아니 필연이었다. 때마침 찾아든 수용성 규산. 나무는 정체불명의 말뚝에 강하게 묶이고 있다는 느낌에 사로잡혔다. 불안하였다. 그러나 한편으로는 강한 믿음도 생겼다. 한 치 앞도 보이지 않는 무서운 밤길을 같이 걷는 기분이었겠지. 한두 걸음 옆에 동행자가 있다는 믿음만큼 든든한 게 어디 있을까. 머리는 여러 군데를 바라볼 수 있지만 마음은 바보처럼 한 군데만 볼 줄 아는 법. 단 하나인 마음의 눈으로 해바라기를 할 수 있었던 나무는 수용성 규산에 온전히 의지한 채

부활을 꿈꾸었다.

하얀 규화목. 나무의 결은 숨을 쉬고 박힌 돌은 빛을 내며 조화를 이룬다. 줄거리 없는 섬세한 영상만으로 긴 울림을 주는 드라마다. 그것들은 암흑과 위험으로 가득한 이야기나, 끝부분이 걱정되어 알기 싫었던 이야기의 주인공이 되려고 하지 않았다. 그렇다고 위대하거나 극적인 이야기의 주인공이 되고자 했던 것도 아니다. 나무는 그저 변화무쌍한 기후에 시달리다 쓰러졌고, 수용성 규산은 주어진 길을 어김없이 조금씩 성숙의 자세로 나아갔을 뿐이다. 그런 연후에 제 속도에 맞춰 운동량을 늘리듯이 천천히 변화하였다. 점점 화석화되면서 오팔처럼 수정처럼 굳어져갔다. 세월이 흐를수록 단단해져 거대한 규화목으로 탄생하게 된 것이다.

규화목을 '걸작, 사랑의 완성'이라고 말하련다. 세상을 향해 '영원한 사랑'이라고 소리치련다. '사랑가'를 창하듯이 노래하련다. 갖은 고통과 고난을 감내하면서 끌어안은 불멸의 사랑. 나무는 돌을 믿어 주었고, 돌은 나무에게 힘이 되면서 불가능을 가능케 하였다. 그것은 이해를 넘어선 완전한 사랑 속에서만 이루어진다. 사랑이란 그런 것이다. 복잡다단한 사람과 단순한 사람과의 화합을 만든다. 이념과 사상이 다른 나라와 나라의 벽을 허문다. 나무와 돌이 하나가 되는 상상할 수 없는 아름다움도 창조해낸다.

규화목을 에로스가 만든 문화재라 일컫는다. 진정한 사랑의 고백이요, 전설이며 신화이다. 그래서인가. 그것 앞에서 그냥 서 있기만 해도 되었다. 숨김없이 내보이는 그것들의 힘겹고 두려워하던 모습, 흉측하면서도 황홀한 상처, 아름답고 고귀한 자태에 조용히 옷깃을 여민다.

(2004)

떨켜

이상도 해라. 벌써 두 해째다. 이월이 다 가고 삼월이 되었는데, 아파트 샛길에 줄지어 선 느티나무가 마른 잎을 수북하게 달고 있다. 작년에는 새잎이 돋아 신록이 찬연할 때까지 그랬다. 예년과 달리 거센 바람이 잦았는데도 올해 또한 마찬가지다.

괜스레 마음이 쓰여 매일 그 나무를 내려다본다. 소금물이 증발한 후 그릇 가장자리에 남은 허연 소금기랄까. 소슬한 평화로움보다도 을씨년스럽고 흉하게 보인 적이 더 많다. 낡은 것의 초라함이 저절로 묻어난다.

때가 지난 것을 알면서도 놓아주지 않으려는 것은 욕심인데, 추함인데. 혹여 떨어질 잎사귀에 대한 나뭇가지의 안쓰러운 애착이 아닐까. 아니면 미련일 테고. 그도 아니면 낙엽이 될 수 있도록 만반의 준비를 미처 끝내지 못한 탓이려니 여긴다.

나무는 낙엽이 질 무렵이면 응당 마련하는 행사가 있다고 한다. 나뭇가지와 잎과의 이별이다.

여름날 폭풍우마저 견뎌내던 강기剛氣는 어디로 갔는지, 턱을 치켜들고 짙어가던 녹음이 가을바람에 고개를 숙인다. 낮은 목소리이지만 깊이가 있는 자연의 타이름이라 그런가 보다. 종종걸음으로 얌전히 따르는 것만이 좋은 것임을 느낀 까닭이겠지. 애써 들으려고 하지 않아도 그냥 귀만 기울이면 알게 된다, 저만치 걸어오는 스산한 가을 소리를.

나무들은 때를 맞추려고 분주해진다. 지금 비치는 햇살이 좋아서가 아니라 나중에 올 추위에 대한 예감 때문에 아픔의 축제를 벌인다. 겨울 칼바람이 불기 전, 그보다 더한 매서운 강단으로 살 도려내는 일을 시작한다. 잎꼭지가 달린 자리에 끈끈한 세포층을 한 겹 깐다. 수분 공급을 중단하기 위함이다. 하나의 다른 굳은살을 돋우는 작업이랄까. 상처 위에 내려앉는 얇은 딱지라 함이 어울리겠다. 피막은 점점 아물어지면서 매몰차게 잎꼭지를 밀어낸다. 떨켜다.

떨켜는 머물던 자리다. 머물던 자리는 마음이 남아 있는 자리이고 마음이 남아 있는 자리는 다시 가고 싶은 자리다. 다시 가고 싶은 자리는 그리워할 수밖에 없는 자리이며 그리워할 수밖에 없는 자리는 아득한 추억의 자리다. 아득한 추억의 자리는 더 이상 머물지 못하는 자리로 남는다.

늦가을 만산홍엽의 잔치가 끝난 뒤안길로 가 본다. 낙엽들이 소沼마다 꽉 차서 갈색 추억만을 담은 것처럼 온통 갈색 세상이 펼쳐진다. 낙엽 위로 산 이슬이 내려 독특한 향기가 코를 찌르고, 끝가을 소리도 뭉클 밟힌다.

떨켜가 밀쳐내어 떨어진 낙엽들. 바람이 부는 대로 이리저리 뒹군다. 바스러진다. 삭고 삭는다. 깊은 쓰라림을 견뎌내던 인내가 자분자분 녹아 있다. 어기댐 없이 순리를 그대로 받아들이는 어짊에서 평온의 싹이 피어오른다. 더 머무르고 싶어도 때를 알고 물러서는 현명함에 슬기가 어려 비친다. 아름답고 숭고한 모습이다. 낙엽들의, 나무들의, 사람들의.

떨켜는 다음으로 이어지는 하나의 마디이며 고리이다. 모든 일의 끝이고 새로운 일의 시작이다. 하나의 매듭짓기다. 우리의 삶에도 주저리주저리 널려 있다. 세상에 태어나 살다가 마무리하는 날까지, 우리는 크고 작은 떨켜를 수도 없이 만든다. 졸업하면서 학교를 떠나고, 새로운 가정을 꾸미기 위해 결혼을 하면서 어버이 곁을 떠나고, 정열적으로 몸담았던 직장에서의 퇴직, 사람들과 이별을 고하며 세상을 뜨는 일까지 무수하다.

나도 요즘 떨켜를 만들고 있다. 곁에 두고 싶은 사람을 떠나보내는 연습 중이다. 그 사람은 문단의 선배이며 내가 사는 곳에서 큰 길 건너 양지바른 동네에 살고 있다. 하루에도 수십 차례 왕복할 수 있는 거리지만 1년에 고작 두세 번 만난다. 두어 달에 한 번쯤 전화 통화를 할 뿐이다. 뚜렷하게 주고받은 것은 없으면서도 고향이 가까웠던 덕인지 늘 든든한 마음으로 찼다. 헝클어진 마음 가지런히 빗질을 해주던 손길이었는데, 힘든 마음 털어놓을 수 있는 자리였는데.

그녀는 머물던 자리를 두고 멀리 이민을 가려한다. 왜 일이 손에 잡히지 않는지 모르겠다. 내가 문단에 처음 들어서서 낯섦에 부딪혀 웅크려 있을 때 손을 내밀어 따스하게 잡아주었던 사람, 그 따스함은 오래도록 내 가슴을 데우고 있다. 진정으로 내 곁에 오래 머물기를 바랐다. 그런데 떠난다. 아린 마음 지그시 누르고 감추며 그녀를 보내야 한다. 아마도 그녀가 떠나간 빈자리의 떨켜를 보며 한동안 허전해 할 것이다.

소중한 것은 눈에 보이지 않는다.

짬을 내어 마지막 시간을 함께 보낸다. 신라 사신 박제상을 간절히 기다리던 부인과 두 딸이 함께 석상으로 서 있는 곳. 우리나라에서는 제일 먼저 해맞이를 한다는 곳. 간절곶을 찾는다. 우리는 망부석을 닮기라도 한 듯 말없이 나란히 서서 수평선만 바라본다. 서생포 왜성도 오른다. 차라리 묵직한 베이스음의 바람소리라도 웅웅거리면 좋으련만, 한 줄기 바람조차 숨을 재운다. 그녀도, 나도 벙어리가 되어 부드러운 산 능선에 시선을 둔 채 속 깊은 무언의 말을 나눈다.

말없음은 말하는 것보다 강한 느낌으로 휘감는다.

고개를 젖히고 나무를 올려다본다. 이곳의 벚나무는 단 한 장의 마른 잎도 달고 있지 않다. 동실한 겨울눈만을 오돌돌

맺고 있다. 아파트의 느티나무가 그토록 마른 잎을 떨쳐내지 못하는 연유를 이제야 알 것 같다.

(2001)

소리경

삼랑진 만어산 만어사 앞에는 너덜경이 펼쳐져 있다. 여느 돌과는 다른 운김을 드리우고 있어 재행의 길을 마다할 이유가 없다. 초행길에 흘려버린 전설도 줍고, 놓쳐버린 생각의 이삭도 줍는다.

도량을 지켜온 삼층석탑 앞에 독대하는 양 선다. 석탑은 한 중생이 면구스럽게 무언의 대화를 바라는 합장을 하자 허허 웃음만 흘린다. 몇 바퀴 탑돌이 하는 미물이 미뻐웠는지 어둔 눈을 쪼끔 밝혀준다. 단조롭고 촌스럽다고 중얼거리는 내 속생각의 정수를 깨면서, 치켜올려진 지붕의 모서리가 하늘로 날아오르듯 경쾌함을 던져준다. 마음속의 법열 한 가닥이 사뿐, 춤사위를 벌인다. 조지훈의 '승무'가 합세하여 나빌렌다. 누구인지 모를 공들여 조각하던 석공도 얼씨구나 덩실거린다.

경쾌함 지그시 누르고 미륵전에 장엄하게 앉아 있는 신묘한 바윗돌을 만난다. 용왕의 태자가 변해 돌이 되었다는 전설을 걸치고 있어서인지, 가사를 드리운 것처럼 주황색 결 무늬가 신비로이 착색되었다. 부처를 찾아와 제자가 되기를 원하고, 끝내 바다로 돌아가지 못한 채 그대로 돌이 되었으니, 태자바위에 새겨진 불영의 형상은 당연한 일인지도 모른다. 그보다도 무게의 중심을 슬쩍 들어올리는 것은 미륵전 앞에 널려진 검은 바윗돌들이다. 귀향을 꿈꾸며 강어귀에 몰려든 연어 떼 모양으로 운집해 있다. 용왕의 태자가 거느리고 온 물고기들이라고 한다. 그래, 지느러미 파닥거리며 태자바라기를 하고 있는 어석魚石들이 분명하다. 아니나 다를까 미륵을 향해 엎드려 절 올리는 풍광을 자아낸다.

준평한 너덜겅에 안개가 자욱해지는 날이면 수만 마리의 물고기들이 헤엄을 치고, 장대비가 내리는 날이면 다양한 소리의 연주를 들을 수 있다는 주승의 말에 호기심이 탱탱해진다. 조용히, 작달비 오는 날의 삼행을 다짐한다.

나는 한 발 한 발 돌무더기 속으로 들어간다. 수많은 돌들은 각각의 자리에 앉은 듯, 선 듯, 엎딘 듯, 누은 듯, 꿇은 듯, 나름대로 편안한 자세다. 크기도 모양도 덩달아 생긴 물상은 단 하나도 없다. 형형대소形形大小, 각양각색各樣各色, 각성각식各聲各式, 각이각태各異各態다.

어떤 바윗돌은 농익은 여인네의 둔부가 되어 넉넉한 여유를 보이기도 하고, 드러내지 않는데도 드러나는 작부의 단단한 속짜임도 엿보여 준다. 말하지 않은 억제된 감동과 욕망과 기대가 잔뜩 스미어 있는 것 같기도 하다.

또 다른 바윗돌은 생강나무가 잘 자라도록 몸 비틀어 틈새를 벌려주었다. 무슨 고통일까 싶지만 생강나무를 끔찍이 여기는 돌의 자비심에서 우러난 배려일 게다. 꽃숭어리와 향내가 열악한 삶터에서 피운 고통만큼이나 샛노랗고 진하다. 가지를 흔들자 털짐승이 물기를 터는 것처럼, 하나 가득 머금고 있던 향내를 주체하지 못하고 쏟아낸다.

어느 한 바윗돌은 진달래를 몸소 키우고 있었다. 날려가는 씨앗 하나를 받아 애지중지 품고 품어서 뿌리내려 싹 틔웠음이 여실하다. 둥글둥글 둥글었으면 제 몸 하나 건사하기 좋았을 것을, 수행 부족으로 인해 홈이 파였다. 아니, 어떤 연유로 생겨났는지 모를 깊은 생채기에 흙먼지를 모아모아 피워냈을 테니 분재 같은 진달래가 더욱 참하다.

대부분의 바윗돌에는 희읍스름하면서도 푸르데데한 이끼들이 세월꽃을 피웠다. 아무도 가르쳐 주지 않았는데 어물쩍, 스리슬슬, 그러구러, 그렇게 곁붙이로 살아왔나 보다. 큰 어려움 없이 아름답게 늙어가는 표징이리니 세월꽃인들 어찌 아름답지 않으리.

채석을 해가려다 포기한 뭇 인간의 욕심에 깊은 상처를 입고 통증에 시달리는 바윗돌도 있다. 우툴두툴하지 않은 것이,

제법 균제하다 보니 이기심으로 불 밝힌 눈에 띄고 말았으리라. 누구인지 모르는 그 이기심을 대신해 미안하다는, 용서하라는, 힘내라는 말을 전하며 살며시 안아 작은 온기 한 줌 전한다.

주워온 돌멩이를 들고 바윗돌을 쳐 본다. 예사 돌에서는 들을 수 없는 소리가 난다. 먹먹하고 탁하고, 울리는 듯 안 울리는 듯, 울음인지 웃음인지 분간하기 어려운 소리가 들린다. 편안하다 싶은데 슬프고, 묵직한 것이 분명한데 맑고, 둔탁해 보이는데 고요한 울림. 바윗돌이 온몸과 마음을 다하여 토해내는 소리다.

나는 신명난 어린애마냥 이것저것 두들겨 본다. 순간, 어석이 아니라 인석人石이라는 생각이 뇌리를 스친다. 그래, 부처의 설법을 듣기 위해 몰려든 중생들이다. 조석으로 예불을 드릴 때마다 말씀을 먹고, 말씀으로 크면서 수행하는 중생들. 가진 것이 없어도 부족함을 느끼지 못하고, 만심을 뽐내기보다는 나를 숙이고 버리는 연습으로 하루하루 이어갔겠지. 그래서 순간에 머무르는 자극이고 스쳐가는 기분일 수 있는 소리일지라도, 마음 비워 종소리를 내고 깨달음 얻어 목탁 소리를 낸다. 둔과 탁이 여과되고 여과된 소리. 금방이라도 움직이며 일어날 것 같은 살아 있는 소리. 무언가를 전해주는 얘기가 분명하련만 알아챌 리 만무하다. 운남바둑이다. 명이주明耳酒에 취한 두타頭陀 정도라야 해석풀이가 용이하리라.

내게서도 소리 하나 나기 기대한다. 최상의 높이로 올라가고 최하의 밑으로 내려가는 그런 울림은 되지 못하더라도, 벼리고 벼려서 마음 편하게 하는 맑은 떨림 하나 내보고 싶다. 진지하되 과장되지 않고, 정확한가 하면 지루함이 없고, 겸손하면서도 의욕이 넘치고 정이 깊은, 그런 소리 내보고 싶다. 잔잔하지만 울림이 있는 소리 내보고 싶다.

바윗돌이 우습다며 웃는다. 꿈도 크다며 웃는다. 일상들이 파놓은 구덩이에 빠져 허우적대기 다반사이고, 미모사처럼 작은 일에도 일일이 반응하기 일쑤고, 힘들어 하는 사람의 손도 제대로 잡아주지 못하는 미물이 도를 깨우치려 한다고 웃는다. 널려 있는 돌들이 어이없어 웃어대는 소리가 들린다. oh, my God!

소리로 돋우고, 소리로 피우고, 소리로 벗기고, 소리로 녹이고, 소리로 끝내는 만어사의 바윗돌들.

"그대들은 소리경經이오!"

(2008)

불꽃

소리가 핀다.

지인으로부터 손수 수확한 참깨를 한 되 선사받았다. 볶을 요량으로 씻는다. 조바심하지 않으면 손실이 큰 참깨 씻기는 정성을 요구한다. 불에 달군 냄비에 씻은 깨를 털어 넣는다. 찍–, 물기와 불기가 부딪치며 차가운 비정非情의 소리를 낸다. 달래듯 길쭉한 나무주걱으로 슬슬 젓는다. 계속 열기를 받으면서 수분이 증발되고 더 증발하게 되면서 깨알들의 웃음소리가 터지기 시작한다. 토도독 톡톡 탁탁….

그 소리가 마치 소낙비 내리는 소리 같다. 운동장 가득 아이들이 뛰어노느라 떠드는 소리와 비슷하다. 작렬한 땡볕으로 제 몸을 태우기라도 하는 양 울어대는 매미소리 아닌가. 냄비 속에서 들려오는 아우성. 깨알들은 노릇노릇 통통해지고, 주걱 젓기가 빨라진다. 축제의 도가니. 참깨들의 폭죽놀이가 절정을 이룬다. 그 위로 광안대교에서 펼쳐졌던 거대한 불꽃 축제의 무대가 포개어진다.

소리가 핀다.

불꽃이 터진다.

에이펙 개회 전날, 아시아와 태평양을 잇는 세계의 정상들이 모여들었다. 어스름 저녁이 다가올 때 광안대교와 바다는 술렁거렸다. 전국 각지에서 달려온 열정적인 사람들과 부산에서 모여든 인파도 같이 술렁거렸다. 이천여 년 전 한 젊은이의 산상설교를 듣기 위해 몰려들던 사람들처럼 백사장을 빼곡히 메운 사람, 사람, 사람들.

장엄한 음악이 깔린 가운데 거북선 여러 척이 연기를 뿜으며 등장하고, 광안대교 상판에 '웰 컴 투 부산'이라는 문구가 점등되면서 불꽃 축제가 시작되었다.

축포 소리에 따라 피어나는 영롱한 오색의 빛. 팝콘이 튀겨지듯, 목화솜이 피어나듯, 흥부네 박 속에서 금은보화가 쏟아지듯 명멸한다. 야자수인가, 해바라기인가, 안개꽃이던가. 천상정원에 이름 모를 꽃들이 만개하니, 수천 마리 벌과 나비가 형형색색으로 난무한다. 빛의 향기에 자지러진다. 창조와 생명을 상징하는 찬란한 불꽃은 천상낙원의 은하수가 되었다가 신라 천 년을 이어 온 금빛왕관으로 변한다. 급기야 에밀레의 오색 종소리가 되어 결결이 울려 퍼진다. 대교에서 바다로 1km

넓이의 하얀 불꽃이 한꺼번에 쏟아지니 장대한 나이아가라 폭포수가 무색하다. 야천절벽에서의 빛 사태. 분수되어 치솟는 빛의 희망, 빛의 향연, 빛의 환희, 빛의 찬가, 빛의 화합, 빛의 상생….

억압을 떠나 자유로이 춤을 추는 빛. 열아홉 살 소녀의 아름다운 미소다. 똑바로 허공을 찌르고 미련 없이 사라지는 트럼펫 소리다. 푸른 하늘을 힘차게 차오르며 자유자재로 기교부리는 가창오리 떼의 비행이 아닌가. 활력과 자유로움을 주는 외침이고 오케스트라이며 시이다. 말없는 말이요 길 없는 길이다.

영광과 승리를 다짐하는 조수미의 〈챔피언〉이 흐른다. 메트릭스Ⅲ 주제곡과 브람스의 〈헝가리안 댄스〉가 찬연한 광휘와 함께 마음을 가로질러 흐른다. 베르디의 〈레퀴엠〉, 김수철의 〈천년학〉, 베토벤의 〈합창〉 등 연주곡이 빛과 함께 어우러지자 들뜨던 기분이 북받쳐 오른다. 고조되는 흥분과 함성. 아, 아-.

백사장을 가득 메운 사람들은 빛으로 수놓은 밤하늘의 진경을 촬영하기 위해 모두가 핸드폰을 켜 들었다. 예서제서 켜든 조그마한 사각형의 푸른빛이 또 다른 불꽃 축제를 하고 있다. 불꽃들의 불꽃놀이. 천지가 빛 천지니 이 또한 장관이다. 깜찍하게 연출된 신조풍경에 몸이 얼어붙는다.

불꽃. 한껏 황홀하게 피었다가 절정의 순간에 쓰러지는 운명. 짧게는 3초에서 길어야 10초간을 사는 찰나적인 삶이지만 황홀함의 극치에 눈이 부시다.

짧고 굵게, 굵고 짧게. 열흘 붉은 꽃이 없고, 사람은 백 일을 한결같이 좋을 수 없으며, 권세도 십 년을 못 간다 했으니 3초면 어떻고 10초인들 어떨까. 눈부심이 제일이고 화려함이 으뜸이며 빛이 되어 빛으로서 빛을 발했으니 무엇을 더 바라리.

불꽃 같은 삶을 살다간 사람들을 생각한다. 안중근과 윤봉길은 대한의 독립을 위해 몸바쳐 불태우고, 이상과 김유정은 문학의 바다에 혼불을 지르고 갔다. 김현식과 김광석은 음악의 선율에 젊음을 실어 보냈고, 박종철과 이한열은 민주화의 꽃을 피우기 위해 앞장서 폭죽을 쏘아 올렸다. 생각을 일깨우고 마음을 견고케 해 주는 고독한 불꽃들의 생生놀이. 그들의 짧은 삶에서는 화려함이란 찾을 수가 없다. 그러나 열정만은 불꽃만큼 아름답고 장엄하다. 그러기에 일시적인 인기와 시류에 연연하지 않았던 그들의 뜻은 역사가 되었다.

화끈한 희망도 전복적인 힘의 용기도 없이 엉거주춤 사는 우리의 모습에 조용히, 그러나 단호하게 얘기하고 있는 이름들. '자유로운 인간의 길, 진리의 길은 이것이다.'라고 말하는 대신 그곳에 도달하기 위해 어떤 노력을 해야 하는가 몸으로 보여준 영혼들. 세상에 아부하지 않고 당당하게 살고 간 인류사회의 위대한 불꽃들. 그 얼들이여.

소리가 핀다.

불꽃이 터진다.

봄이 열린다.

아직 동장군이 버티고 있는데 언덕의 홍매화가 꽃망울을 터트린다. 우주가 봄의 불꽃 쇼를 시작하였다.

(2006)

흑국석黑菊石

돌이 꽃을 피웠다. 땅속 깊은 곳의 열과 압력은 지신地神의 힘을 빌려와 하얀 돌에다 검은 국화꽃을 새겼다. 수천, 수억 년이 지나도 지워지지 않을 돌을새김이다.

숨결도 맥박도 뛰지 않는 차디찬 무생물. 그것에서 열과 피가 흐른다. 태고의 정적마저 감돈다. 고상하고 품위 있는 동양 풍류의 묵직한 멋이 풍긴다. 속되어 지조가 낮은 사람의 매골과는 다른, 세속을 초월한 여유도 보인다. 그렇게 하얀 돌 속에 까만 국화 송이가 운치 있게 안겼다. 더 이상의 다른 색채가 끼어들 틈도 없다. 순화된 백과 흑의 대비는 한없이 흐른 시간이 빚어낸 어울림이다.

흑국黑菊은 백석白石의 응혈이다. 신열 끝에 피워낸 생명력이다. 강함과 당찬 속내는 알지 못하나 짙은 향기를 뿜어내듯

꽃이 살아 있다. 눈여겨보지 않아도 황홀한 내면의 불꽃은 소리 없이 타오른다. 백석을 향한 흑국과 흑국을 향한 백석이 극치의 조화를 이룬다.

전시실에는 희귀하게 생긴 돌들이 즐비했다. 거북이 등을 빼어 닮은 구갑석, 물결 한 줄기 일지 않는 호수석, 물굽이를 세워놓은 폭포석 등. 생각 없이 둘러보는데 유심히 나를 끌어당기는 물상이 있었다. 흑국석이다. 첫눈에 반했다. 하지만 더 멋스런 물상을 만날 요량으로 그냥 지나쳤다. 그런데 관람하는 내내 겨울의 품속으로 걸어오는 봄의 햇살처럼 다가와 어른거렸다.

다시 흑국 앞에 선다. 한참 동안 바라보니 첫인상과는 달리 거만하고 도도하다. 옥류와 벗하는 계곡의 바위처럼 매끄럽지도 않다. 기이하게 생기지도 못했다. 그래서 자세히 들여다본다. 보고 또 본다. 한 겹 들춰보니 흥건히 밴 귀티와 우아한 태깔이 서린 세련미가 있다. 세월 속에 가라앉은 인고의 앙금을 훑어낸 맑은 결정체인 양 깨끗한 표정이 보인다. 달빛을 받은 구름같이 부드러운 미소도 짓는다. 살며시 손을 대 본다. 카실카실한 돌갗의 촉감이 전율을 일으킨다. 느끼면 느낄수록 순일한 정감이 흐른다. 속살대는 조용한 소리도 들리는 것 같다. 냉정함과 아늑함의 균형이 절묘하다.

백석과 흑국의 연緣에는 아무도 모르는 실화 같은 전설이 담겨 있을 성싶다. 많고 많은 꽃 중에서 국화를 품으려는 백석의 심중은 어떤 것일까. 뭇꽃들이 시들어갈 무렵이 되어서야 만개하는 꽃이기에 마음이 끌렸을까. 이끌어 주는 대로, 길을 잡아 주는 대로 묵묵히 순행하는 꽃이기에 그랬을까. 국화로 몸을 가꾸면 오래 살고 몸이 가벼워진다는 속설에 솔깃했는지도 알 수 없다. 아니면 티끌 같은 국화 뿌리 한 줄기에게 희망의 터를 내주었을 것이다. 양분과 수분을 공급해 줄 재간도 없으면서 마음 하나로 품지 않았을까. 거미가 먹이를 실띠로 쟁여 감듯이, 가슴속 깊은 곳에 감춰두고 씨앗처럼 간직하려 했는지도 모른다.

흑국 또한 그러하다. 싹을 틔우기 어렵고 뿌리내리기 힘든 줄 뻔히 알면서도 꽃이 피기를 소망했겠지. 햇빛이 들고 통풍과 배수가 잘되는 토양을 마다하고 차디찬 돌 속에 자리를 잡았으니. 장구한 세월을 이겨내는 동안 국화는 한 땀 한 땀 징을 박아 꽃망울을 터트렸으리라. 햇빛 한 줄기 받지 못했지만 돌품에서의 개화를 소원했지 않았겠는가. 그 애태움이 오죽했으랴. 열정이라는 날개를 타고 급하게 솟아오르지 않고 아주 좁은 길을 따라 천천히 우회하여 피어올랐을 텐데. 자신의 몸이 까맣게 되는 줄도 모르고 속 태우기를 거듭했겠지. 그래서 까맣게 피어났겠지.

백석과 흑국의 만남은 우연이 아니다. 아주 먼 옛날에 약속된, 끝내 피할 수 없는 운명이다. 수없이 해가 바뀌고 세대가 돌아도 변하지 않을 영혼의 상봉이다. 영원한 현재형이며 시들지 않을 사랑이다. 그래서 고급스런 시선은 오랫동안 흑국석에 머문다.

사람들이 소중한 물건을 가지고 있을 때 애지중지하는 이유를 알지 못했다. 물건이 기쁨을 안겨 주고 마음을 변화시키리라는 생각을 가벼이 했기 때문이다. 그런데 지금 나는 돌에 대하여 문외한이면서 탐을 낸다. 그것이 무엇일까. 가까이 오면 거절하기 쉽고 멀어지면 저버리게 되는, 사람 관계와는 다른 까닭에서일까. 부질없는 망상일지도 모른다. 아니, 애착일 것이다. 애착이라는 것은 되려 한 세상을 살아가는 데 힘이 되기도 한다. 삶의 덧없음에 한숨짓고 그 속절없음을 하소연하기보다는 애착, 그것으로 인해서 마음은 열리고 깊어진다. 얼마나 깨끗한 즐거움인가.

전시되는 동안 몇 번이나 흑국석을 보러 갔던 이유는 그 돌이 아픔으로 빚어낸 갸륵한 모습을 보여주어서다. 고난을 이겨낸 사람들에게도 향기가 있지 않은가. 흑국석에서는 은은한 국향이 났다. 그 돌을 아름답게 보고 있으면 한없이 순연해지기도 하고, 잔잔한 기쁨이 물살 치는 행복감에 젖기도 했다. 발그레한 봄기운처럼 빛 고운 마음이 되기도 했다.

흑국석이 책상 앞에 앉아 있는 내 마음을 아는가 보다. 머리 위로 주아사가 나부끼듯 또 아른거린다. 눈을 감으니 더 선명해지고 또렷한 모습으로 내 앞에 와 선다. 생각을 바꾸려 애를 쓰면 환한 빛이 되어 다가온다. 참으로 잊을 수 없는 물상이다.

그러나 흑국석은 고가의 수석이다. 소지하기 어려우니 마음 한구석을 비워 흑국석이 들앉을 자리나 마련해야 할까 보다. 그러면 언제까지나 내 마음속에 머물러 있겠지. 나 또한 두고 두고 흑국석에 대한 얘기를 하게 될 것이다.

(2000)

객토客土

"그때는 왜 죽자고 일만 했는지 몰러."

"그러게나 말여. 요즘 세상에 옛날같이 일만 하고 사는 사람이 몇이나 돼?"

"세상 참 좋아졌어."

삼사십 년 전 젊었던 시절에 온몸이 으스러지도록 일했던 노인들에게서 듣는 넋두리다. 그가 마음에 담아두는 눈빛으로 고개를 끄덕이며 듣는다.

그때는 설을 쇠고 입춘이 지나 언 땅이 풀릴 때쯤이면 들판 논배미마다 땅심을 증진시키기 위해 객토를 하였다. 모래땅에는 다른 성질의 차진 황토를, 차진 땅에는 모래흙을 섞어서 토질을 개량하려고 대대적인 사업을 벌였다.

집집마다 노약자를 제외한 대부분의 사람들이 동원되었다.

괭이와 삽을 들고 황토와 모래흙을 파내었다. 남자들은 지게에 담아 등에 짊어지고, 여자들은 양은 대야에 담아 머리에 이고, 들판 논두렁을 걸어서 운반했다. 기껏 사오십에서 이삼십 킬로그램에 불과한 분량이었으나 둥개지 않았다. 수백의 사람들이 며칠씩 겨끔내기 없이 일해야만 하던 것을 요즘에는 굴착기 한 대와 대형화물차 한두 대만 있으면 몇 시간 만에 간단히 해결할 수 있는 일감이다.

그러나 오직 사람의 힘이지만 억척스럽게 일했던 모습들. 그것이 오늘 같은 좋은 세상에 밑거름이 되었다는 노인들의 이야기는 한 페이지의 소박한 역사가 된다.

귀 기울여 열심히 듣고 있던 그가 가을 파종을 결심한다. 봄 시기를 놓쳤기에 알맞은 씨앗을 골라 뿌릴 요량이다. 먼저 객토하는 것을 잊지 않는다. 생산성을 높이기 위해 과학적 영농법을 적용해 보려고 깊은 생각에 골똘한다. 창작하는 일에만 열심이어도 만족스러울 테지만 가르친사위가 되지 않으려는 발버둥이다. 늦으나마 새로운 수확을 올리려는 생각이 가상키도 하다. 하지만 땅만 적당히 갈아엎는다고 소출이 저절로 늘어나는 것도 아니고, 농사라면 몰라도 학문에 있어서는 희망사항으로 끝날 개연성이 클 수도 있다.

균걱정이다. 굳은 심지가 있던 그는 토양을 바꾸더라도 자신이 하는 수필이 주체임을 명심한다. 탐구의 기승을 타고 장르 구분 없이 여기저기 기웃거리는 것 또한 삼가야 할 수칙임을 잊지 않는다. 일종의 경자유전耕者有田 원칙을 지키려는 것이랄까. 작품의 질에서도 마찬가지다. 기후와 토양을 불문하고 씨앗을 분별하지 않은 채 마구 뿌려선 곤란하다는 것을 간파한다. 아무리 많은 창작을 일구어낸다 해도 작품의 수준이 낮으면 허사가 되니만큼 질에 중점을 두어야 한다는 작심도 끝까지 밀고나간다. 땅심에도 생각을 기울인다. 작품이 듬직하게 자라나도록 노력해야 하는 것을 근본과 원칙으로 삼는다.

그는 옛날 방식대로 흙짐을 져 나른다. 한 짐 두 짐…. 무게를 지탱하는 두 정강이가 걸음마다 무겁다. 그럴 도리밖에 없는 것이 꼬두람이 동생이나 조카뻘 같은 사람들과 경쟁을 벌여야 하는 까닭이다. 생각에 무게는 있으나 둔탁하고, 깊이는 있으나 반짝이지 않으니 그들과 발맞추기가 제곱으로 힘이 켠다. 오뉴월 하루 볕도 무섭다는데 십 년 세월이야 천양지차다. 늘어진 보폭을 당겨 걷고, 그들이 곤한 잠에 빠져들 때도 홀로 깨어 독서삼매에 매진해야 한다. 아난다阿難陀의 기억력을 보쌈해야 할 판이다. 세대 공감을 가지려면 문자메시지의 답장을 곧바로 챙기고, 긴장감을 곧추세워야 뒤처짐이 없다. 그들은 윗사람의 말에서도 오류를 찾아내는 명석함을 가지고 있다. 그는 덩달아 그들을 통해 오류를 입 밖으로 꺼내지 않는 지혜를 배운다.

무엇을 바라고 어떤 것을 위한 객토인가.

그의 객토는 무서운 날카로움으로 발전해 가는 기계문명 속에서 아직도 한 군데 남아 있는 낭만과 꿈과 자유가 있는 문학지대로의 도피이다. 시계바늘을 되돌리고, 뮤즈의 미소도 발을 멈추는 곳으로의 정행이다. 어쩌면 살아갈수록 안정될 것이라고 믿었는데 더 복잡해져가는 인생의 정답을 캐보려는 행보일 수도 있다. 이것도 아니라면 그가 누구인지를 알기 위해 '나'를 찾는 작업이기도 하다. 사실 내 안의 나를 찾는다는 것은 자신을 더 힘들게 하고, 고문을 가하는 것이며, 진저리를 일으키는 일이다.

스님이 설법을 하던 중 탁자를 '탁!' 치면서 '이것이 무엇이냐.'고 묻는다고 해보자. 경청하던 많은 사람들이 '뭘까.'하고 생각에 잠기는 가운데 쥐 죽은 듯 조용하다. 경청은 귀로 하는 것이 아니라 몸으로 하는 것이라는 양 흩트림 없는 침묵이 이어진다. 순간 방바닥을 '탁!' 치는 것으로 응답하는 '나'라면 기대해볼 만하다. 하지만 그토록 열려 있어도 알고 보면 대단치 못하고 그저 밍밍한 한 중생이라는 것 외엔 그 무엇도 아닐 테지만.

그는 객토를 하면서 깨달음 한 올을 집어올린다. 길다 하면 길고 짧다면 짧은 이태 동안 대학원에서 석학들의 학식을 즐겼다. 자의 반, 타의 반으로 접하게 된 일이지만 책을 벗삼은 사람들의 얼굴에서 발하는 빛을 읽는다. 객토를 강도 있게 실행하지 않았더라면 보상받기 어려운 보람이다.

인간관계에서 오가는 말들은 즐거움을 주기도 하지만 적잖은 상처를 입히기도 한다. 주어서 받기도 하고 스스로 받기도 한다. 거침없는 상처야말로 자질구레한 것부터 가슴에 박히는 대못이 되어 빠지지 않는 경우도 있다. 그러나 사람이 쓴 서적은 사람이 썼지마는 다르다. 일방적으로 베풀고 헤아리는 마음을 고집하는가 하면 깔축없다. 소리 없는 깨우침과 정신을 선사할 뿐이다. 구순하기에 독서상우讀書尙友가 이루어진다. 도원桃源 같은 곳이라면 과언일까. 그래서 그곳에서 오랫동안 머무는 사람들의 얼굴에는 형용하기 어려운 빛이 난다.

그의 행보는 일상적인 '나'대신 본질적인 '나'를, 무의식적인 삶 대신 의식적인 삶을, 세속에 적당히 타협하려는 처세훈 대신 자신에 도달하려는 자아실현의 법칙에 성실하려는 마음이다. 농한기 없는 부지런한 농부가 되는 목적이라고 해야 할까.

객토.

그것은 무엇보다도 삶을 구체적으로 긍정하려는 가을 파종을 위함이다.

(2008)

'여'

청사포에 간다. 달맞이 고개 너머 있는 작고 쓸쓸한 동쪽 바닷가. 해운대의 눈부신 백사장에 비할 수 없고, 광안리의 휘황찬란한 불빛도 지니고 있지 않다. 푸른색 모래가 펼쳐진 포구라는 이름 하나만으로도 마음을 끈다. 유명세에서 빗겨나 초야에 묻혀 조용히 지내온 청사포.

해안에는 흘러내린 촛농 같은 암석들이 그리움을 달래듯 옹기종기 널려 있다. 바다 위에서는 파도가 하얀 물굽이를 등지고 엎어지고 무너지면서 달려온다. 갈매기는 무엇이 그리도 좋은지 제 흥에 겨워 끼리룩거린다.

투명한 햇살 속에 웅혼하게 앉아 있는 저 검푸름. 아주 느린, 그러나 그 검푸름에는 움직임이 있다. 그 움직임이 신뢰와 젊음과 순수를 내세우며 내 덜미를 잡는다. 낡은 생각과 마음속에 그려진 부질없는 영상들을 쓸어간다. 내가 하려던 말을 송두리째 빼앗아가 버린다. 가슴이 확 뚫린다.

바닷가로 내려간다. 물속에 잠겼다가 몸을 드러낸 물바위들이 점잖은 미소를 흘리며 반긴다. 물속에서는 바다의 푸른빛으로 물들고, 물 밖에서는 하늘의 푸른빛을 우러르면서도 강하게 검은 색만을 고집하는 물바위. 썰물 때가 되면 잊어버렸다가 문득 떠오르는 기억처럼 드러나고, 밀물 때면 떠오른 기억이 다시 사라지듯 물속 깊이 잠수해 버리는 물바위. '여'라는 이름을 지닌다.

'여'와 가장 가까운 파도는 늘 변덕스럽다. 때론 소곤거리기도 하지만 봉두난발한 모양새로 몸을 던지기 일쑤다. 그래도 '여'는 자세를 흩트리지 않는다. 자신도 모르게 살갗이 부서지고 깨어져도 그저 묵묵부답이다. 저항을 포기한 영혼이 깃들고, 미움을 잃어버린 정신이 서렸는가. 혹독한 시련 속에서 보내고 기다리며, 풀기도 하고 끌어안기도 한다. 따개비나 해초들의 포근한 고향 터요 삶터라고 추켜세워도 쉽게 마음을 데우거나 부풀리지 않는다. 다만 파도와는 동반관계임을 넌지시 화음으로 보여줄 뿐, 오로지 침묵이 금이라는 것을 증명이라도 하려는 듯 말이 없다. 섬 아닌 섬이 되어 여운과 느낌 사이로 속내를 드러내기도 한다. 숨기는가 하면 보여주고 드러내는가 하면 감추면서 말이다.

'여'에 걸터앉는다. 반가운 친구를 만난 것처럼 얘기를 주고

받는다, 독작을 하듯 독백으로. 옛날이 들어 있지만 과거 이야기가 아닌, 작은 것에서부터 한숨 섞인 속 깊은 이야기까지 얼마나 쏟아냈을까. 나중에는 내가 까마득히 잊고 있었던 사람들의 안부까지 묻는다. 끈끈한 정겨움이다.

은근과 끈기와 여유를 품어 안은 '여'. 햇볕에 그을리고 눈보라에 냉대를 받으면서도 서러워하지 않는다. 넉넉한 마음이라 하여 허세부리지 않고 가난한 삶이라 하여 불평하지 않는다. 케케묵었다고, 거칠다고, 치기어리다고 빈정거려도 흔들림 없는 곧은 마음만을 고집한다.

잠시 눈을 감고 자주 오르던 산을 그린다.

쨍쨍한 여름이 짙푸르다. 산은 바다가 되었다. 푸른 물결을 일으킨다. 나무들이 시야를 그들먹하게 메우며 만조 때처럼 출렁거린다. 부풀어 오른 희망으로 충만한 푸른 물결. 새소리와 바람소리, 오솔길과 바윗돌마저 푸르게 물들인다.

하루, 이틀, 사흘, 한 달, 두 달….

서서히 불어오는 갈바람에 푸름을 날려 보낸다. 지난날의 화려했던 사랑과 열정과 행복을 내려놓고, 사상누각 같은 헛된 권위의 외피가 있었다면 그것도 벗어 던진다. 스스로의 기대마저 무너뜨리며 모든 것을 털어낸다. 푸름이 밀물되어 빠져나간다. 산이 벌거벗는다.

헐벗은 나무들의 겨우살이는 지리고도 매운 찬바람과 같이 시작된다. 그래도 서로 섬기며 정을 나누는 그 모습들은 함께

하는 것만으로도 고마움을 느끼는 마음들이다. 바윗돌들이 산 등줄기에 듬성듬성 앉아 있다. 자신의 슬픔을 끌어안고 스스로를 다독거리지 않는가. 다다를 수 없는 먼 곳을 바라보며 누군가를 기다리는 망부석이듯 안쓰러움마저 일으킨다. 간조를 맞은 겨울 산이 드러낸 '여'의 모습이다.

행상을 나가 오랜 세월이 지나도록 돌아오지 않는 남편을 기다리는 '정읍사'의 여인 같은 '여'. 일본에 볼모로 잡혀 있는 눌지왕의 동생을 구해내고 끝내 돌아오지 못한 박제상을 기다리던 부인 같은 '여'.

그래, '여'는 무언가를 기다리는 그리움이다. 육친들과 살 비비며 나누던 정, 소식을 알 수 없는 어릴 적 동무들, 아리하게 번져오는 추억의 장소들…. 각기 다른 색깔로 삶을 물들이고 싶어했던 지나간 일들이며 되살아나는 삶의 장면들이다. 세월이 흐르고 흘러도 닳거나 사라지지 않는 흔적들이다. 덧없이 보내버린 시간도 세월 속에서 점점 커가는 추억으로 자라고, 순간의 인연들도 끝내 지워지지 않은 채 그리움으로 남는다. 존재와 부재가 함께 들고나는 것이랄까. 아니, 그렇게 보이고 느껴지는 것인지도 모르겠다.

내 안에 살고 있는 수많은 것들의 수군거림을 엿듣듯이 '여'가 들려주는 소리에 귀 기울인다. 사람들이 즐겨 읽는 유자서有子書가 아니라 무자서無子書이다. 그 소리가 복잡한 내 생각들을 걷어낸다. 유현금有絃琴인가 했더니 무현금無絃琴이 아닌가.

그 소리가 내 감각 속으로 흘러들어 나를 깨운다.

점점 물속으로 가라앉는 '여'. 밀려오는 잔파도에 하염없이 무현금을 뜯는 '여'. 나는 발걸음을 떼지 못하고 붙박인 채 바라보고 있다.

(2003)

희아리

물이 창공으로 흐른다. 너울너울 날갯짓하며 계곡물이, 강물이, 바닷물이 해를 향해 떠간다. 멍석 위에 널려 있는 고추의 몸속에 머물던 빨간 수액도 하늘로 날아간다. 마음도 따라 오른다.

토실토실 잘 영근 빨간 고추의 두텁던 살집이 쏙 빠졌다. 씨앗이 비치도록 얇아졌다. 보일 듯 말 듯 맑은 것이 참으로 애틋하다. 흔드니 맑은 소리가 난다. 도나캐나 다 내어주고 비워내어 초연해진 것으로부터 들려오는 소리다. 묘한 깊이가 짚어진다. 차라리 비어 있어서 전율케 하는 해맑음이다.

어머님은 고추가 잘 마르도록 이리저리 뒤적인다. 자식에게 쏟아붓던 정성을 모아 손질한다. 무언가를 가려낸다. 색깔을 잃고 하얀 얼룩으로 변해버린 흉한 고추이다.

희아리.

고추의 본은커녕 고추이기를 거부해야만 하는 절망의 몸이다. 쓰일 데라고는 없어 곧 거름 밭으로 내던져질 운명에 놓였다. 멍석 귀퉁이에 모아놓은 그것들을 들여다보다가 온통 하얗게 돼버린 하나의 희아리를 집어든다. 손바닥에 올려놓는다. 그 위로 한 노인이 선하게 다가온다.

곱상하게 늙어가던 친우의 어머니다. 그분은 가까운 사람의 이름을 기억해내지 못하는 경미한 증세로 치매의 길을 내디뎠다. 점점점 점 점…. 남루한 옷차림으로 길을 배회하기도 하고 온갖 물건들을 방안으로 들였다. 버려진 옷가지와 신발, 심지어 망가진 대소쿠리며 깨진 플라스틱 바가지를 주워와 늘어놓았다. 친우의 가슴은 탈 대로 다 탔다. 그분은 기억이 하나하나 상실될 때마다 잊어버린 만큼의 그 무엇을 채워야 한다는 불안에 휩싸였을지도 모른다. 중증에 치달으면서 하루하루가 낮과 밤 구별 없이 고통스럽게 혼란을 주는 백야白夜였을 것이다. 발버둥질하며 찾으려는, 출구로부터 더욱 멀어져가는, 미로였지 않을까.

치매.

그것이 달라붙게 되면 기억이 희끗희끗 바래진다. 고스란히 간직하던 추억들은 하나 둘 쓰러져 가고 자리에 남았던 흔적마저 지운다. 깨끗하게, 아주 뽀얗게. 더 이상의 무엇을 공유할 수 없는 머릿속 무대에는 하얀 자유로움만이 공연된다. 오늘에서 옛날로 다시 한 번 거꾸로 살아가는 삶의 길을 천방지축으로 걸어간다. 고통이 고통인 줄 모르고 기쁨이 기쁨이지 않는 망각의 강, 레테를 건넌다.

치매가 하는 짓을 보면 치사하고 비겁하다 못해 유치하기 짝이 없다. 야당맞은 심술로 머릿속을 온통 헝클어 놓는다. 허공을 날 듯 사부랑삽작 움직이던 사고력을 날지도, 퍼덕이지도, 곧추세우지도 못하게 윽박지른다. 그리고는 정신연령을 끌어내린다. 무조건 먼 과거의 수로로만 기억몰이를 한다. 신혼의 골목으로, 어릴 적의 마당으로 끌고 가서 생판 딴 사람으로 둔갑을 시킨다. 숫제, 한시도 눈을 뗄 수 없는 어린아이 꼴로 만들어 이르집도록 꼬드긴다. 걸핏하면 화를 불러내고, 다랍게 굴라고 부추긴다. 복잡한 일로부터 구출이나 해주듯 그저 단순해지라고 몰아세운다. 엊그제의 일마저 담아놓지 말고 철철 흘리고 다니며 있는 대로 잊어버리라고 들쑤신다. 노예처럼 끌고다니다 볼썽사나운 겉피만 남겨준다. 이 세상이 아름답다한들 무슨 소용이 있을까. 억장이 무너질 노릇이다.

원래, 치매는 조그만 기억조차 허용하지 않고 군림하며 영역을 넓혀가는 포악함을 지녔다. 안온한 삶에 딴죽 거는 등에처럼 고약함 또한 둘째라면 서러워한다. 웃다가 울다가 변덕을 부리며 격렬하게 상승, 하강하는 감정으로 종잡을 수 없게 하는 괴팍한 특기를 가지고 있다. 안하무인이다. 아무리 얼굴이 없다하더라도 어찌 그런 횡포를 부린단 말인가. 비유 맞추는 데 능한 바람만이 그 속물과 친한 척 들락거린다.

영화 〈축제〉가 그렇다. 치매에 걸린 할머니와 그 관계들의 애태움을 사실적으로 그려낸다. 치매라는 모진 지병의 끝인 죽음은 망자를 축하하는 자리가 되고, 힘든 수발과 지켜보기조차 안타까웠던 산 사람들의 해방임을 그대로 보여준다.

〈축제〉는 노쇠해지면서 차츰 작아져 원점으로 되돌아가는 할머니와, 그 할머니를 이해하지 못하는 손녀 사이에 주제를 숨겨 놓았다. 치매는 세대와 세대를 잇기 위한 교량을 건설하고 있는 중이라고, 질병이라기보다 사람관계를 맺어주는 한 가닥의 연결고리라고 귀띔한다. 끊어질 것 같은 줄을 이어갈 수 있도록 매듭으로 묶고, 비워내어 작아짐으로 해서 더 넓은 것을 향유하게 된다는 뜻을 넌지시 던진다.

그렇다. 비워내는 건 아무것도 담지 않는 것, 아무것도 담지 않는 건 깨끗해지는 것, 깨끗해지는 건 하얗게 되어 가는 것, 하얗게 되어 가는 건 희아리, 희아리는 치매, 치매는 끈.

(2000)

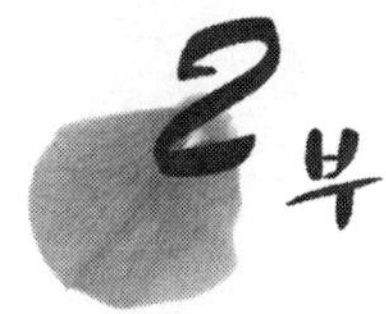
2부

千字文

千 개의 글자를 갈고랑이로 긁어모은다. 구백구십구 개도 안 되고 한 개가 덤으로 얹혀도 싫다. 반드시 千 개라야 한다. 그것을 메고 아무도 가보지 않은 길을 나선다. 매의 눈초리가 닿지 않고 야수의 왕자도 밟지 못한 길. 거닐면서 남다른 생각을 건져 올리고 낯선 언어를 찾아내어 새로운 文型을 그린다. 야무지고 익살스러우면 더없이 좋겠지.

한석봉 필 천자문. 天地玄黃에서 시작하여 言才乎也로 끝나는 그 속에는 세상의 온갖 것이 들어 있다. 해와 달과 별의 이야기, 사람으로서 마땅히 지켜야 할 도리와 규칙, 책임과 의무 등. 무궁무진한 이야기가 가득 차서 넘친다. 자연현상과 인간 사회의 구석구석까지 미치는 질서와 체계가 거미줄처럼 얽혀있다. 내가 쓰려는 천자문은 그런 대단한 글이 못 된다. 천자문에 감히 견줄 수조차 없는 어린아이의 장난질이요, 소꿉놀이다. 하지만 쌓아 올린다. 정자든 초가든 슬래브든 빌딩이든 글자로 집을 짓는다.

字판을 두들긴다. 상상의 줄이 끊기니 손가락도 따라 쉰다. 아무리 타자치는 속도가 빠르다 해도 생각이 앞서지 않으면 허사다. 이야기 길을 뚫으려 자판을 들여다본다. 새로운 사실이 보인다. 세상이 천자문 속에만 있는 줄 알았더니 자판 위에도 있지 않은가.

있다, 있어. 모든 것이 있다. 육친과 내 곁에 머물던 사람들의 정이 있고, 어릴 적의 봉이와 경옥이와 명자가 있다. 천사의 아름다운 노래와 악마의 화려한 춤이 있다. 꽃, 바람, 구름, 기쁨, 슬픔으로 돌고 도는 계절이 있다. 과거와 현재와 미래가 있고, 마음속 깊이 흐르는 강물이 있다. 유행가 가사도 있다. '님'이라는 글자에 점 하나를 찍으면 '남'이 되고 '남'이라는 글자에 점 하나를 빼면 도로 '님'이 되는 인생사라나. 웃음과 울음이 있다. 육체를 치유하는 힘도, 세상을 바꾸는 방법도 있다. 희망의 길을 가리키는 금빛 이정표가 있다. 온갖 삶의 근본이 쫙 널려 있다. 백여섯 개 자판에 또 하나의 세상이 있다, 있어.

文을 세운다. 건축가가 되어 집을 짓는다. 닮으면 큰일이라도 날 듯 겉모양만 다르게 줄지어 선 카페들은 질색이다. 볼품은 없지만 들어서면 편안해지는 집. 누구든 눈길을 주지 않아도 참멋을 아는 사람은 멀리서도 찾아오는 집. 외형보다 내면을 소중하게 여기는 사람들, 조심스럽게 말을 걸 듯 겸손하게 다가오는 마음들이 살고 있는 집. 그런 글집을 짓는다. 그곳에서 사람을 읽고 자연을 느끼고 세상을 생각한다. 그렇게 해서 내가 얻는 보수가 있다면 칭찬이나 비난, 성공이나 실패 등의 평가가 아니다. 언어를 다듬어서 집을 짓는 즐거움이고, 마음속에 진득하게 똬리를 튼 생각의 짐을 벗어버리는 해방감이다.

무엇이 부러우리. 무엇이 두려우리. 열 손가락으로 자판 전부를 다루니 세상이 손안에 있지 않은가. 정령 엽기다. 가로열쇠와 세로열쇠를 풀어가며 퍼즐 게임하듯 열 손가락은 신이 나서 뚝딱 뚝딱 文을 세운다. 千字文이란 현판을 내어 건다.

(2001)

세상나누기

"대박 터졌다!"

커다랗게 부푼 흥부네 박 하나가 두 동강이로 갈라져 나뒹그러진다. 금은보화가 쏟아져나온다. 박을 켜던 사람들의 눈이 밖으로 튀어나왔다. 순간적으로 '두 쪽'이란 생각에 잡혀 그림에서 눈을 떼지 못한다. 어떤 상품광고를 하고 있는 장면이다.

이리저리 궁리를 한다. 어디를 배경으로 잡을까. 어떻게 스케치를 할까. 무슨 색상을 입힐까. 몇 달 며칠을 생각에 잡혀 끌려 다닌다. '하나인 세상을 명징하게 나눠 봐?' 짓궂은 착상에 갑자기 닻을 내린다. '옳거니!' 불끈 쥔 주먹이 허공에 대고 힘을 찍는다. 기를 모은다. 포개놓은 기왓장을 깨듯 손날을 세운다. 내리친다. 강얼음이 "쩡!"하고 갈라지는 소리를 낸다.

음양陰陽, 선악善惡, 명암明暗, 흑백黑白, 진퇴進退, 천지天地, 미추美醜, 진위眞僞, 주야晝夜, 종횡縱橫, 강산江山, 이해利害, 냉온冷溫, 내외內外, 시종始終, 빈부貧富, 왕래往來, 고저高低, 장단長短, 상하上下, 경중輕重, 전후前後, 좌우左右, 유무有無, 강약强弱, 요철凹凸, 피아彼我, 건습乾濕, 출몰出沒, 공사公私, 허실虛實, 자타自他, 신구新舊, 이합離合, 좌립坐立, 상벌賞罰, 출입出入, 손익損益, 득실得失, 수지收支, 다소多少, 원근遠近, 이동異同, 개폐開閉, 시비是非, 단복單複, 발착發着, 귀천貴賤, 생숙生熟, 진가眞假, 청탁淸濁, 완급緩急, 송수送受, 문답問答, 호부好否, 정동靜動, 승패勝敗, 영육靈肉, 찬반贊反, 표리表裏….

영영 맞서서 경쟁만 할 줄 알았다. 그런데 상극에 치닫는 단어가 둘이서 손을 잡고 나란히 붙어 선다. 서로 다르면서 어울리는 방패와 창처럼. 우호적인 것과 배타적인 것, 긍정적인 것과 부정적인 것, 방어적인 것과 파괴적인 것. 상호 모순된 충동의 조화가 이루어진다. 둘 사이에는 1:1의 평행선을 유지하면서도 1+1=2의 순리를 빚어낸다. 손을 잡는 것은 기댈 수 있음의 여지이고 서로 돕자는 증표이며 합하여 키우는 힘이다. 그래도 둘의 힘보다는 셋의 힘이 클 터, 다시 내리쳐 셋으로 나눈다.

천지인天地人, 의식주衣食住, 진선미眞善美, 육해공陸海空, 유불선儒佛仙, 상중하上中下, 불법승佛法僧, 대중소大中小, 풍여석風女石, 공가중空假中, 지인용智仁勇, 양상제養喪祭, 일월성日月星, 자검겸慈儉謙, 법보응法報應, 덕공언德功言, 전현후前現後, 정신기精神氣, 조중석朝中夕, 군사부君師父, 적녹청赤綠靑, 초중종初中終, 지덕체智德體, 적황청赤黃靑, 위촉오魏蜀吳, 조용조租庸調….

삼 행에서 풍겨나는, 숨 막히는 언어의 진경을 발견한다. 삼총사의 의리가 서린다. 셋의 어울림. 톡톡 튀면서도 서 있는 순서와 차지하는 영역이 분명하게 그어진다. 그러나 생각이 자꾸 막히면서 둘만큼 잘 나눠지지 않는다. 억지가 붙는다. 게다가 불안한 한 가닥 기분은 어찌하지 못한다. 힘은 커졌으나 세력만으로는 살 수 없는 세상. 고독감이 창조의 힘을 분출시키는 도구라 할지라도 셋 중 하나가 외로움을 탈 것 같다. 한 번 더 내리쳐 넷으로 나눠 그 마음을 보듬는다.

천지일월天地日月, 동서남북東西南北, 춘하추동春夏秋冬, 건곤이감乾坤離坎, 회삭현망晦朔弦望, 단주모야旦晝暮夜, 남녀노소男女老少, 수화토석水火土石, 효제충신孝悌忠信, 도천지왕道天地王, 경사자집經史子集, 지수화풍地水火風, 갑을병정甲乙丙丁, 흥망성쇠興亡盛衰, 생로병사生老炳死, 동서고금東西古今, 신언서판身言書判, 건곤간손乾坤艮巽, 기승전결起承轉結, 가감승제加減乘除, 이목구비耳目口鼻, 형제자매兄弟姉妹, 매난국죽梅欄菊竹, 연월일시年月日時, 길흉화복吉凶禍福, 사농공상士農工商, 조율이시棗栗梨柿, 시서예악詩書藝樂, 문행충신文行忠信, 원형이정元亨利貞, 관혼상제冠婚喪祭, 예의염치禮義廉恥….

힘도 힘이려니와 꿍짝꿍짝 율동이 있으니 흥이 돋는다. 네 박자는 안정감마저 불러와 버팀목으로 선다. 나 홀로의 목소리가 아닌 여러 목소리인 중창이다. 사방 풍광이 한꺼번에 펼쳐진다. 넓은 파문은 여운을 크게 그린다. 가늠하기 어려운 통찰력과 포용력을 싸안고 있다. 장성한 4형제가 나란히 선 듯 든든해지기도 한다. 호연한 기운이 솟는다. 내친김에 다시 한 번 더 내리쳐 다섯으로 깨트린다. 생각을 굴리고 펴고 다듬는다. 그런데 내내 보물찾기만 한다.

희노욕구우喜怒欲懼憂, 지수화풍공地水火風空, 당우하은주唐虞夏殷周, 지신인엄용智信仁嚴勇, 황백적홍청黃白赤紅青, 목화토금수木火土金水, 한열풍조습寒熱風燥濕, 시청후미촉視聽嗅味觸, 궁상각치우宮商角徵羽, 청황흑녹적青黃黑綠赤, 색성향미촉色聲香味觸, 수석송죽월水石松竹月, 인의예지신仁義禮智信, 희로애락욕喜怒哀樂慾, 그리고 마지막으로 도개걸윷모….

찾아낸 보물 다섯 조각을 주섬주섬 꾸러미에 꿴다. 다층적이고 풍부한 울림을 토해낸다. 일상과 비일상을 넘나든다. '도'와 '모' 사이에 '개'와 '윷'이 끼어 서자 '걸'이 또 그 사이를 파고

들어 나란히 선다. 글자들이 늘어서서 동갑내기들 모양으로 어깨동무를 한다. 하얗게 쌓여가는 눈이 밭고랑을 없애버리듯 세상을 보는 눈높이가 엇비슷해진다. 나누어질수록 차이가 무너져 내리면서 어우러진다. 가까이서 보면 색종이만 있을 뿐인데 멀리서 보면 일사불란하게 변화하여 탄성을 자아내게 하는 매스게임이듯 공동체를 이룬다.

무엇이든 힘들여 이루면 애착이 가기 마련이다. 나눠진 조각세상을 열 맞춰 세운다. 두 조각, 세 조각, 네 조각, 다섯 조각. 글자가 차지하는 면적이, 뜻을 밝히는 범위가 나눈 만큼 넓어진다. 나눌수록 점점 커져만 가는 기쁨처럼, 인정처럼.

쪼갠 조각들을 유수히 들여다본다. 글자 하나하나마다 시근이 멀쩡하고 당당하다. 그렇다고 혼자만의 비장한 구호는 내세우지 않는다. 서로 손잡고 뭉쳐야 여물고 단단해진다는 이치를 꿰뚫고 있다.

얼마든지 나누고 자르고 쪼개어 보라. 아무리 가른다 해도 세상은 언제나 하나일 뿐이다.

(2002)

금삼백만원

제맘같다고 생각했겠지 소담스러운 착각이었다
운이나쁘다 재수가없다 마음편하게 웃어넘기자
돌이켜본들 울분만나니 잊어버림이 상책이리라
큰세상사에 비교하며는 그만한일이 구천만다행
감사하다고 감사하다고 머리조아려 위로해야지
첫째아이가 애지중지한 노트북가방 잃고말았다
학교도서관 책상위에서 머리맞대고 작업하던중
하필그때에 약속했듯이 배가살살살 아파왔을까
꾀부렸으면 화장실까지 가슴에안고 갔을터인데
다녀온사이 감쪽같게도 행방불명된 노트북가방
도둑잡아라 소리한마디 내지못한채 당해버렸다
제맘같다고 생각했겠지 자연스러운 착각이었다

이십년지기 여자셋이서 모일적마다 부어모은돈
천구십오일 삼년가득히 꾹꾹누르고 밟아다져서
낫가리모양 피라밋모양 만들어숨긴 삼백만원정
남편모르는 비상금이니 둥실두둥실 마음부풀어
바다가되고 태산이되고 구름이되고 하늘이됐다
천하대장군 지하여장군 천군만마를 거느린듯이
억만장자가 아니부럽고 천석만석꾼 아니겁났다
뿌듯해지고 넉넉해지고 든든해지고 당당해졌다
세여자들은 빈자부자를 모르고지낸 보통사람들
여행을간다 무스탕산다 기부금낸다 아름다운꿈
나름나름의 수수한기쁨 몽실몽몽실 피어올랐다
얼굴얼굴로 번져나왔다 밝고환하게 흘러나왔다

아버지라는 도량을보면 깊고도너른 호수같아서
돌을던져도 이내파문을 감춰들이며 끌어안는다
그런연유로 아들녀석은 아빠편이다 정해졌던가
심장과같은 남편과함께 신년음악회 감상을하고
촉촉이젖은 여운담은채 현관문열고 들어서는데
두아이들의 공손한인사 여느때처럼 변함이없다
엄마눈코치 채지못하게 태연자약히 은밀히살짝
옷자락끝을 잡아당기며 저희아빠를 불러들인다
맺힌말들을 풀어내는가 풀린말들을 엮어내는가

도란거리는 이야깃소리 한참동안을 흘려보낸다
남자들만의 이야기라고 생각하니까 샘도안났다
무슨얘긴지 알수없으나 은근한소리 행복하였다

밤이지나고 밝은햇살이 거실안으로 자리옮길때
애들아빠는 머뭇거리다 낮은목소리 가다듬는다
아무런말을 하지않기로 어떤눈치도 주지않기로
손가락걸어 도장찍으며 철통과같이 약조하잖다
아이를위해 우리를위해 한걸음나가 평화를위해
아들아빠편 아빠아들편 서러운마음 어찌할텐가
자식앞에는 아까운것도 부족한것도 없지않은가
삼십일동안 활기채우던 삼백만원의 값비싼여유
고스란하게 노트북비용 삯을치른다 삯을치른다
어느때에도 어디에서도 무엇에서도 맛볼수없는
나혼자만이 즐길수있고 은근히슬쩍 기댈수있던
새콤달콤한 순수한여유 고이접는다 접고접는다

어른들만의 일이란것은 알고있어도 모르는듯이
속은울어도 겉으론마냥 웃기만하는 탈바가지다
그아이인들 얼마큼이나 가슴졸이며 걱정했을까
분한가슴을 놀란가슴을 무겁게안고 귀가했으리
돈이란것은 있다가없고 없다가있는 것이니만큼

넘쳐흐르면 거만해지고 부족하며는 고생이된다
생각좁히면 점점커지고 생각키우면 작아지는돈
마음비우면 천국을짓고 욕심채우면 지옥짓는다
큰적선했다 좋은일했다 보시잘했다 큰공부했다
그만한것이 다행이라고 어르고달래 토닥거린다
엄마아버지 두목소리에 화색이돈다 생을배운다
내일아침에 키재어보면 장뼘만큼은 자랐을게다

(2003)

세 여자

姦

우리는 분갈이한 묘목처럼 신혼 초기에 만났다. 만남이란 분별없이 가까워지면서 어석語石을 던지기도 하고, 격의 없이 지내다가 접시처럼 깨지기도 한다. 그렇게 상처를 주고받은 사람들은 점점 만나기를 꺼려하면서 멀어져갔다. 더러는 이사를 가서 멀어지기도 했다, 그러구러 남은 사람이 우리 셋이다. 모두 제 방식대로 삶의 악기를 연주하기에 바빴다. 그러면서도 서로 믿음을 주는 일에는 분주하였다. 그것을 이십 년 넘게 키워왔다. 이제는 목소리 하나만으로도 서로의 삶을 캐어낸다. 등을 기댈 수 있는 나무가 되었다.

한 여자

문지현이다. 백명숙보다 한 살, 나보다 두 살 많다. 제일 젊은 남자와 산다. 딸만 둘 가졌다. 팔십오 점. 독실한 개신교 신자다. 예수님 제자의 제자로서 나란히 서도 손색이 없을 만큼 믿음으로 칠갑을 했다. 하루하루가 즐겁기만 하다는 눈치다. 그 즐거움이 무엇인지, 어떤 빛깔을 띠었는지 알 수는 없다. 다만 하늘에 몸과 마음 모든 것을 맡겼다는 믿음으로 대신 말을 할 뿐이다. 셋이 모여 식사할 때의 광경에서 잘 드러난다. 이야기에 팔려 있다가도 상이 차려지면 지현이가 먼저 눈감고 기도를 한다. 눈치챈 명숙이가 재빨리 손을 모아 합장하고, 무안스러워진 나도 성호를 긋는다. 여태껏 그 순서가 바뀐 적은 한 번도 없다. 그녀를 보면 이 세상에서 제일 행복한 사람처럼 보인다.

겉으로는 아무 움직임이 없어도 속으로 발효하고 삭아서 깊은 맛을 내는 음식이랄까. 비워지면 비워지고, 채워지면 채워지는 대로 삶을 의지한다. 그녀는 때를 앞당기려고 아등바등하지 않는다. 주어지는 대로 가다 보면 좋은 때를 만나게 된다고 믿는다. 물욕탕物慾湯에서 벗어나 하늘 사랑으로 채우고 이기적인 생각 대신 하늘 뜻으로 받아들이며 사는 여자. 신앙생활이라는 별스런 멋내기라지만 늘 보아온 터라 익숙한데도 물리기는커녕 외려 부러움이 생긴다.

그녀는 절대, 부자가 아니다. 남에게 빌려 쓰지 않을 정도로 산다. 무슨 이유도 어떤 조건도 내세우지 않았다. 그냥 남을 위해 거금 일천만 원을 과감하게 내놓는 배포에 명숙이와 나는 깜짝 놀랐다. 자신을 위한 일이라나. 아치형의 출입문으로 쏟아져 들어온 빛처럼, 선이 굵으면서 부드러운 여자의 세상을 보는 것 같다. 명숙이와 나는 그런 지현이를 사랑한다.

두 여자

백명숙. 문지현보다 한 살 아래고 나보다 한 살 위다. 가장 나이 든 남자와 산다(그래봤자 한두 살 차이). 딸 하나, 아들 하나를 두었다. 구십사 점. 둘째라면 서러워할 석가모니 제자의 며느리다. 한 달에 스무 날을 절에 가는 시어머니 밑에서 교리를 차근히 배운다. 복을 많이 달라고 빌라는 시어머니 말씀에 찰떡같이 대답은 잘한다. 정작 법당에 엎드려서는 자신에게 줄 복이 더 있으면 모자라 받지 못한 사람들에게 나눠주라고 비는 보살이다. 절을 찾는 일은 가끔이고, 주로 집에서 벽에 대고 백팔 배를 한다.

갈등 없는 수월한 삶을 소원하기에 그녀는 뭐든 잘 따지지 않는다. 무엇에든 아낌없이 다 바쳐 너무 매달리게 되면 자신이 힘들어진다는 이유에서다. 그런 생각들이 안도감을 안겨준다. 일주일에 한 번은 어김없이 독거노인을 찾아 딸 행세를 하고 온다. 유행에 끼어들지 않고 물정에 어두운데도 뭔지 모를 중년의 향기가 풍겨나는 여자. 자신의 단점을 알고 있으면서도 그것을 즐기는 여유까지 주머니에 넣고 있다. 자신을 위한 것이라나.

그녀의 웃음은 3캐럿짜리 다이아몬드다. 눈가에 잔주름을 드리운 채, 이빨이 쏟아질 듯 웃어대는 모양이 아주 매력적이다. 그녀의 발랄하고 구김살 없는 웃음은 가슴을 한 차례 시원하게 씻어내 준다. 장난기 어린 미소조차 상대를 무장해제시키는 묘한 힘을 지녔다. 지현이와 나는 그런 명숙이를 좋아한다.

세 여자

정여송. 셋 중 가장 어리다. 중간 나이의 남자와 산다. 아들만 둘이다 보니 딸 타령을 잘한다. 칠십육 점. 신심이 그럭저럭한 천주교 신자다. 개신교와 불교에 양다리를 걸쳤다면 어울릴까. 제일 편한 자리에 서 있다며 혼잣말을 중얼댄다.

그냥 나보다 못한 사람을 더 생각하는 마음으로 채워지길 바란다. 말 부조든, 마음 부조든, 돈 부조든…. 남이 내게 베풀어 준 은혜에 대해서는 잊지 않으려 애쓴다. 내 것을 나눔에 있어서는 비밀처럼 하고 싶어서 힘을 키우는 연습 중이다. 미지근하더라도 아기자기한 '그래요.'나, 엉성하지만 정이 담긴 '괜찮아요.'라는 대답을 자주 쓰는 여자다.

안일함을 싫어한다. 떡이 나오는 것도 아니고 돈이 나오는 것도 아닌, 글쓰기에 매여 있다. 수필을 쓴답시고 고생을 사서 한다. 뭔가 해보겠다는 의욕으로 다져지면 피로조차 힘이 되나 보다. 마다 않고 수필을 이고 다닌다. 해서 가슴에 젖어드는 글품으로 사람들의 마음이나 추켜 주려고 게으름과 싸우느라 바쁘다. 나를 위한 노릇이다. 지현이와 명숙이는 그런 나를 아낀다.

우리에게는 만나는 날이 따로 정해져 있지 않다. 셋이니까 마음 맞추기가 쉬워, 어느 때든 보고 싶으면 만난다. 우리의 만남은 언제나 만지면 톡 터지는 봉숭아 우정이다. 여느 때는 말의 온기로, 더러는 행동의 그림자로 감싸안는다. 서로를 향한 마음 아랫목이 잘잘 끓는다.

이십 년을 굳건히 지켜온 것은 정성어린 키움과 가꿈이다. 어울림은 같거나 비슷하기보다도 도리어 판이하게 다른 가운데에서 더 잘 이루어진다. 다름은 서로를 기대게 하는 버팀목이다. 더 이상의 무엇을 받거나 줄 것이 없을지라도 더불어 숲, 우리는 그렇게 우거질 것이다.

세 여자는 姦이 아니라 森이다.

(2004)

그대 그리고 향수

보시오.

봄이 가는 길목이라오. 연초록 속에서 붉은 파도가 일렁이오. 황매산 철쭉이 불꽃을 활활 태우며 요염한 자태로 유혹하고 있소. 정열의 화신인지, 천상의 무희인지 바람이 불 때마다 나타났다 사라지곤 하오. 그 나라에도 무구한 꽃들이 만발했을 테지요.

철쭉꽃 향기에 흠뻑 젖은 몸으로 그대의 생가를 돌아보았소. 편하게 그대라 불러도 되는지 모르겠소. 일면식도 없는데 먼 듯 가깝게 느껴지는 것 또한 어찌 하겠소. 아무래도 어떤 당김이 작용하는 것만 같으오.

여태껏 시인 '정지용'이란 이름 석 자 앞에서도 그 사람인 줄 모르고 있었소. 흔적을 더듬어 본 발걸음 후에야 누구인가 알게 됐던 것이오. 그대는 나의 한 항렬 아래에서 빤히 올려다보며 웃고 있었소. 너무 반가웠소.

나는 까무룩 잊고 있던 시들을 읽고 또 읽어댔소. 꿈에서조차 잊지 못하던 〈향수〉의 떨림은 점점 증폭되어 울림으로 다가왔소. 누군가 그랬소. 산에 오르면 기氣의 흐름이 느껴진다고. 눈에 보이지 않는 안개의 움직임이 피부에 와 닿고, 산의 맥박이 온몸을 휘감는다고 했소. 나는 그 산악인처럼 그대의 시 앞에서 전율을 하오. 오래전부터 흘러온 맥이었는데 오늘에서야 같은 혈통임을 알게 되었소.

그저 있다는 것, 그것이 따분했소. 아무런 변화 없이 사는 것, 그것이 지루했소. 나를 알려고 하지 않는 것, 그것이 싫었소. 뭐든, 되어 가고 만들어지는 것이 되고 싶었소. 되어 가는 그 무엇이 무엇인지도 모르면서 말이오. 그러다 그대의 시에 심취하게 되었소. 나는 생각했소. 머리구조가 어떻게 짜였기에 시공의 경계를 마구 허물어 뜨거운 피가 솟구치게 하는 글을 썼을까 하고 말이오. 삶의 생채기를 감싸는 시 한 수가 나를 고향으로 데리고 간다오.

넓은 벌 동쪽 끝으로
옛이야기 지줄대는 실개천이 회돌아나가고
얼룩백이 황소가
해설피 금빛 게으른 울음을 우는 곳,

——그 곳이 참하 꿈엔들 잊힐리야.

질화로에 재가 식어지면
뷔인 밭에 밤바람 소리 말을 달리고,
엷은 조름에 겨운 늙으신 아버지가
짚벼개를 돋아 고이시는 곳,
——그 곳이 참하 꿈엔들 잊힐리야.

흙에서 자란 내 마음
파아란 하늘 빛이 그립어
함부로 쏜 활살을 찾으려
풀섶 이슬에 함추름 휘적시든 곳,
——그 곳이 참하 꿈엔들 잊힐리야.

전설(傳說) 바다에 춤추는 밤물결 같은
검은 귀밑머리 날리는 어린 누이와
아무러치도 않고 여쁠 것도 없는
사철 발벗은 안해가
따가운 해ㅅ살을 등에 지고 이삭줏던 곳,
——그 곳이 참하 꿈엔들 잊힐리야.

하늘에는 성근 별
알 수도 없는 모래성으로 발길을 옮기고,
서리 까마귀 우지짖고 지나가는 초라한 집웅

흐릿한 불빛에 돌아앉어 도란도란거리는 곳,
——그 곳이 참하 꿈엔들 잊힐리야.

그러하오. 천만 그러하오. 고향이란 잊으려 할수록 더욱 그리워지는 그리움이오. 저승나라에서도 옛 고향은 가슴이 저리도록 그리울 것이오. 어린 날과 젊은 날들이 언제나 그곳에서 살아 숨쉬고 있으니 어찌 아니 그럴 테요.

언제나 가슴 골짜기에서 물소리가 그치지 않는 고향. 지금은 다시 가기가 겁이 날 만큼 거센 바람이 휩쓸고 갔소. 산업화의 잘 살아보세 여파로 옛 고향은 우리 곁을 훌훌히 떠나가 버렸소. 어느 마을에서나 보았던 어린애를 업은 엄마나 누나, 옥수수 밭, 장작과 가마솥, 검둥개와 닭들은 벌써 저 너머 옛날로 사라져갔소. 차가워진 인심과 지나친 욕심이 만연하는, 메마른 정과 질타의 소리가 높아지는, 냉정하고도 복잡한 세상이 들어와 앉았소. 그곳의 그대나, 이곳의 나에게 고향은 마음속에 머물 뿐이오. '이제는' 이란 말 속에 머물 뿐이오. 아무리 애끓던 방황도, 투철하던 반항도, 탈출을 꿈꾸던 열망마저 다 소곳이 수그러들 수밖에 없는 '이제는' 속으로. 빙빙 꼬아 돌아갈 것도 없소. 한걸음에 수십 년의 시간을 내달려 다녀올 수 있는 그리움 속에, 고향은 영원히 머물러 있을 것이오.

보시오.

〈향수〉와 〈호수〉와 〈유리창〉…. 오늘이 먼, 먼, 옛날이 되어버릴지라도 그대의 시는 살아 숨쉬며 후손의 후손에까지 이어질 것이오. 무심초처럼 아늑한 그리움을 자아낼 것이오, 그대.

(2001)

금아 피천득

琴 : 琴兒五月금아오월

'나는 오월 속에 있다.'

오월에는 조용한 들뜸이 서성거리고, 지나간다와 깊어진다의 간격이 넓어지면서 발갛게 익어가는 봄이 있다. 아지랑이 아물거리는 따순 내음과 연둣빛 풀물 냄새와 꽃잎이 풍겨내는 꽃몸 향내가 있다.

오월. 금아는 오월을 금방 찬물로 세수한 스물한 살의 청신한 얼굴이라며 시적으로 읊었다. 신록을 보면서 살아 있는 사실이 즐거워 고마움을 느끼고, 오월이 주는 깨끗함을 좋아했다. 활기차고 찬란한 오월의 금빛 햇살을 사랑했다. 오월의 경이로움과 감동을 목청 돋워 노래 불렀다. 오월 속에서 자신을 발견했던 까닭이다.

그는 일천구백십년 오월 스무아흐렛날 이 세상에 와서 이천칠년 오월 스무아흐렛날 발인하여 귀천했다. 아흔일곱의 생애야말로 하늘이 집필한 수작 시나리오가 아니면 무엇이겠는가.

'나는 오월 속에 있다.'

뇌어보는 것만으로도 큰 울림이 되어 아리아리 퍼진다.

兒 : 兒童天眞아동천진

〈다친 구두〉

새로신은 구두를/ 심사낫븐 아이가/ 코를 밟아 주엇세요//

겁질벗은 구두를/ 옷소매로 닦아도/ 자죽없어 안저요//

아파하는 구두를/ 곱게 벗어 안고서/ 울며 달아 왓세요//

안만 다친 구두도/ 엄마 입김 쐬이면/ 멋나지 아니 하지요?//

— 동아일보. 1931. 7. 15.

〈어린 슬픔〉

엄마/ 엄마 나를 나주고/ 웨 구찬타고 그러나?//

엄마/ 나는 놀고시픈데/ 무엇하러 어서 크라나?//

— 동아일보 1931. 8. 16.

특별히 예쁘지도 않고 꾸미지 않았는데도 만나면 기분이 좋아지고 주눅들게 하는 사람이 있다. 어린아이이다. 금아는 영원한 어린이였다. 늙어서도 늘 어린이의 표정을 짓고, 어린이를 어린 벗이라고 부르며 어린이처럼 살았다. 월드컵 기간에는 붉은 악마 티셔츠를 입고 응원했으며, 딸 서영이가 가지고 놀았던 인형 '난영'을 밤마다 데리고 잤다. 스물한 살이 되던 해다. '나는 놀고 싶은데 무엇하러 어서 크라나.'며 드러내놓고 어리광을 부렸다.

금아의 마음 깊숙한 곳에는 순진무구가 실재하였다. 그래서 천진난만한 아이의 웃음이 멈추지 않았고, 아흔이 넘어서도 엄마라고 부를 수 있었는지 모른다. 새 한 마리 죽이지 않은 것도, 햇빛 속에 웃는 미소도 엄마로부터 배우고, 엄마 같은 애인이 갖고 싶다고 고백하였다. 순수다. 누군가의 말처럼 금아는 전생의 업도 없고 이승의 인연도 없는, 한 번도 태어나지 않은 하늘나라의 아이였다.

皮 : 皮裏陽秋피리양추

금아는 참회했다, 가톨릭 영세를 받고도 너무 이기적으로 살았다고. 사회봉사를 안 한 것, 소심하고 겁이 많은 성격 탓으로 수혜를 받은 엘리트이면서도 독립운동에 투신하지 못한 것, 일경이 두려워서 도산 선생의 장례식에도 갈 수 없었던 것, 특히

4·19때, 죽어가는 제자들을 위해 앞에 나서지 않은 것….

가책이다. 그 가책이 부과하는 아픔, 가슴에 끌어안고 놓아 본 적이 없다. 살아나기 위한 어쩔 수 없는 선택이었다. 그러나 양심과 타협할 핑계가 있다는 사실이 금아는 더 곤혹스러웠을 것이다. 그래서 '부당한 권력 앞에 굴복하지 않게 하시며'라는 ≪기탄잘리≫의 구절을 평생 자신의 인생관으로 삼았다. 보속하려는 마음의 자세였을까. 변변한 세간도 없이 밥상 하나만 놓고 소박하게, 서른두 평 아파트에서 이십오 년을 지냈다. 나중에는 너무 오래 살아 미안하다며 자세를 낮추고, 명예심에서 벗어나 수행 같은 조용한 삶을 살았다. 그의 분별력이었다.

마음에 새겨진 상처. 그 삶을 견뎌내야 했던 처연함과 겪어야만 하는 근원적 슬픔이 곳곳에 깔려 있다.

天 : 天衣無縫천의무봉

작가의 글 품위는 안으로부터 우러나온다. 아무리 필재筆才가 좋다 해도 내면의 당당함과 통제력이 없으면 속절없는 허수아비가 된다. 아무리 필치筆致가 능하다 해도 정직과 배려가 없으면 빈 것의 요란함에 불과하다.

금아는 시를 '산호'로, 수필을 '진주'로 생각했다. 깊은 바다 속에 있는 산호와 진주를 캐내지 못한 채 젖은 모래 위에서 조가비와 조약돌을 줍는 듯 글을 썼다고 털어놓았다. 겸손이다. 그는 다정다감하고 섬세한 서정으로 향긋한 기미氣味와 기쁨의 계기契機를 정성껏 수필로 그려내었다. 간결하고 화려한 비유는 자제했다. 꾸밈이 없다 보니 맑고 담백하고 단아하고 향기롭다. 너그러움과 여유도 어울려 있다.

소년 같으면서도 세상을 달관한 노인으로서의 금아. 그는 정갈한 시심으로 글과 마주했다. 글을 쓰는 문인은 이전보다 못한 작품을 내지 않아야 한다는 것을 철칙으로 삼았다. 칠십이 넘으면 글에 욕심이 들어간다며 그 의지를 절필로써 실천했다. 글을 잘 쓰고 못 쓰고를 떠나, 삶이 훌륭하고 비루하고를 떠나 도움은 주지 못할지라도 누累가 되지 말아야 한다는 기본을 밝힘이다.

得 : 得意滿面득의만면

나이가 들수록 단단해지는 것이 있다. 아집과 독선과 물질에 대한 지칠 줄 모르는 집착이다. 차라리 치매가 나을 것 같다는 생각이 들도록 늙음을 추잡하게 만든다. 그런 것들로부터 훌쩍 벗어난 이, 세월과 상관없이 소년처럼 순박하고 신선처럼 가벼워 보이는 모습을 보여준 이, 깨끗하고 고결하게 한평생을 살다 간 이, 부자로 사는 것보다 남을 속이지 않으면서도 약간 모자라게 사는 것을 원하고 행하였던 이, 허풍과 거짓이 만연한 사회 속에서도 학식과 덕행으로 남의 모범이 되었던 이, 금아.

그는 영화배우 잉그리드 버그만을 마지막 애인이라고 부르며 삶을 사랑했다. 바이런과 셸리와 예이츠를 흠모하면서 문학의 길을 걸었다. 잠자는 듯 조용히 숨을 거두는 것을 가장 커다란 소망으로 여겼다. 그 마지막 소망까지 차곡차곡 모두 뜻한 바를 이루었으니 오월의 푸른 하늘은 기쁜 표정으로 가득하다.

(2007)

청개구리가 운다

한가로운 뻐꾸기 소리가 연둣빛 산자락에서 울리고, 늦은 봄이 힘 기울여 마지막 철쭉을 피우던 날, 해가 서산 하늘을 붉게 물들이니, 동네 어귀 느티나무에서는 산새들이 저녁 채비로 소란한데, 들논의 농부가 일손을 이르게 놓자, 마을에선 수수로운 이웃들이 피운 하얀 연기가 날아오르고, 소박한 저녁상 앞에서 오순도순 만개하는 이야기꽃에, 아이들 소리 하나 둘 잠들어 노곤한 하루가 이지러질 때, 둥실 떠오르는 저녁 달빛에 끌려나가, 고향 떠난 동무들이 그리워 청개구리가 울고, / 소사나무를 응시하며 거기에 서 있는 이유를 발견하고 싶기에, 글을 쓰는 데는 아무리 오랜 기간이 걸려도 노련미라는 게 없어 매번 생급스럽기에, 소설이나 드라마에서는 혼자 운전을 하거나 차를 마셔도 멋있건만 현실의 나는 초라한 모습으로 보이기에, 답답한 가슴 털어내기 위해 아무런 느낌도 없이 무작정 달려야 하기에, 속절없이 쏟아낸 하소연이 넋두리라는 것을 알아차리기에, 욕심 부린다고 더 얻어지는 것이 아님을 알면서도 그것을 버리지 못하기에, 순수한 마음만이 있는 것이 아니고 교만이 함께 있기에, 생각하기 전의 말과 말한 후의 생각이 같지 않기에, 뭔가를 결심해서 잘하려고 하면 오히려 잘되지 않는 이유를 알지 못하기에, 모든 일은 대화로 풀어나가야 한다고 말하지만 그렇지 않는 일이 너무 많기에 청개구리가 울고, / 아무것도 바라지 않고 남 모르게 거금의 성금을 선뜻 내는 성의 덕분에, 슬플 때 같이 울어 주고 싶어하는 배려 덕분에, 괴로움이나 슬픔을 과감히 벗어 던지면 다가와서 감싸주는 기쁨 덕분에, 감당해낼 수 없을 만큼 어려운 일 앞에서도 "예." 하는 긍정의 대답 덕분에, 꿈이 산산조각 날지라도 한 조각이나마 붙잡을 수 있는 힘 덕분에, 잘못된 생각을 버리는 순간 바른 생각이 들어오도록 마련되는 자리 덕분에, 선한 의지라면 강물이 닿는 끝까지도 다다를 수 있다는 희망 덕분에, 험한 길을 넘어지고 미끄러지면서 오른 정상에 승리의 깃발이 기다리고 있는 덕분에, 스스로에게 너무 잘하지도 기대하지도 않는 데서 생겨나는 편안 마음 덕분에, 곧 떨어질 낙엽이지만 정열을 불태우라는 뜻을 알고 있는 덕분에 청개구리가 울고, / 옳다고 인정하면서도 거기에 따를 마음이 없어 핑계와 궤변만을 늘어놓기 때문에, 보아도 보지 못하고 알아도 알지 못하는 미망에 허우적대기 때문에, 바른 안색으로 감정을 다듬어내기보다 이죽거리며 야유하는 모습이 볼썽사납기 때문에, 툭하면 채찍처럼 휘두르는 말로 깊은 상처를 주고도 덤덤한 얼굴이기 때문에, 봄바람처럼 상쾌하게 불다가도 갑자기 이해하기 어려운 돌풍으로 변하는 기분을 알 수 없기 때문에, 남이 하는 좋은 일을 본받고 배우려 하기보다 비난하고 질투하면서 깎아내리려 하기 때문에, 양보할 여지가 충분히 있는데도 달리 방법이 없는 상대더러 양보하라고 다그치기 때문에, 자신을 온전히 알지 못하면서 남만 쫓아가려는 어리석은 행동 때문에, 남보다 더 높은 자리에서 더 좋은 것을 더 소유하려고 눈에 쌍초롱을 켜기 때문에, 무슨 짓을 해도 된다는 그릇된 사고가 야수 같은 사람들을 만들어내기 때문에 청개구리가 울고, / 은빛 머리의 노신부가 허리 굽혀 아이들과 일일이 손잡는 모습이 성스러워서, 자존심을 가진 착한 심성으로 살아남으려는 약자들의 몸짓이 차라리 아름다워서, 사람의 마음을 움직이는 것은 대단한 것이 아니라 단순한 것임을 깨닫는 순간에서, 내세울 것 없다며 한 발짝 물러서는 겸양의 미덕에서, 하늘이 자꾸 바라보고 싶어지는 고마움의 뜻에서, 가슴이 두근거리다 못해 숨이 멎는 듯한 감동 안에서, 모든 일에서 잘못을 찾을 때 자기 자신부터 돌이켜보는 어진 마음 앞에서, '이거다.'싶은 대목을 만나 전류에 감전되는 듯한 전율에서, 맑고 선명하게 바라볼 수 있는 눈을 마음속에 심으려는 의지에서, 해처럼 많은 혜택을 베풀어

준 것이 곳곳에 있음을 겨우 알게 되면서 청개구리가 울고, / 가짜가 너무 진짜 같은 데에 쾌감을 가지니까, 돈 때문에 비굴해져야 할 때가 많으니까, 아무리 돈이 많다한들 그것으로 인생의 욕망을 다 채울 수 없으니까, 임종을 앞둔 시간이 짧아질수록 살고 싶어하는 소망이 더 커지니까, 사람들이 권력이나 상사나 자신이 필요한 것의 앞에서만 온순해지니까, 세상이 평소에는 조용하고 안전한 것 같으나 들여다보면 불안과 불확실로 가득 차 있으니까, 제2차 세계대전 이전보다 이후에 태어난 사람이 갖는 행복지수가 열 배나 적다고 하니까, 겁에 질리거나 귀찮다는 이유로 눈을 감아 또 다른 불법을 낳게 되니까, 윤리는 가치를 잃고 질서와 정의의 개념도 모호해지고 삶의 고귀함이나 생명에 대한 존중이 적어지니까, '더 나아짐'이라는 이름으로 덤벼들어 자연 그대로를 놔두지 않고 마구 손상시키니까 청개구리가 울고, / 위대한 영혼이라 불리는 '간디'의 울음은 아닐지라도, 민족의 양심에 호소하여 남북통일을 이루려 한 '김구'의 울음이 되지는 못할지라도, 사랑과 동정의 화신인 '테레사'의 울음소리는 낼 수 없을지라도, 항일 독립에 앞장서 만세소리 드높인 '유관순'처럼 울기는 어려울지라도, 누가 뭐라 추어주면 으쓱해지는 어깨를 지그시 누를 수 있는 마음을 갖고, 기쁨이 사라지면 그 자리에 숨어 있는 희망을 찾으려는 몸짓으로, 온정으로 스며들고 믿음으로 젖게 하는 농담을 나누면서, 잘 발효된 술처럼 생각도 느낌도 농익히려는 자세를 갖춰, 주변의 무엇 하나도 놓치지 않고 돌아보려는 가슴으로 외치고 싶어, 청개구리가 운다.

(2002)

힘쓰는 여자

가을이 타면 석류도 탄다. 가을이 무르익으면 석류도 무르익는다.

석류는 세상이 알아줄 날을 기다리며 아무도 엿볼 수 없는 삶을 가슴속에 알알이 박는다. 해 바라기를 하고, 몸을 달구다가 마침내 취해서 온통 빨개진다. 붉음을 잃지 않으려고 우수의 비가 내려 마음이 떨려 와도 여투어 둔 열기로 붉음을 고수한다. 그렇게 익고 또 익는다. 검붉은 빛으로 물들어가는 겉모습보다도 속이 더 아름다운 석류. 드디어 몸을 푼다. '쫙-' 갈라지면서 발산하는 힘. 그 순수한 파열은 실로 열정적인 몸부림이다.

유리 같은 석류 알. 틈새 없이 박힌 알갱이에서 힘쓰는 여인들을 본다. 오랜만에 모인 자식들의 입 호사를 위해 분주한 어머니. 같은 여자이면서도 부엌에서 많은 시간을 보내야하는 며느리. 그 처지를 외면하는 시누이. 투박하고 억척스러우면서도 인정이 넘치는 아주머니. 말의 성찬만 늘어놓는 남성들 속에서 여물고 올찬 목소리를 내는 여성 정치인. 남자들도 기피하는 과목을 선택한 외과전문 여의사. 연약한 체구에도 불구하고 곱고 깊은 음색으로 열창하는 여류 성악가. 근육에서 만들어지고 기술에 의해 분출되며 정신으로부터 힘을 뿜어내는 여자운동선수 등…. 여자와 여성과 여류들의 얼굴이 투명하게 빛난다.

여인으로서, 진정으로 크고 숭고한 힘을 쓰는 때는 분만의 시간이 아닌가 한다. 두리두리하니 맵시라고는 찾기 어려운 모양새가 임산부의 몸매다. 하지만 잉태한 또 하나의 생명이 커 가는 모습을 비춰서일까. 늘씬한 어느 모델보다도 당당하고 아름답다. 만삭 여인의 봉긋한 그림이 만져진다.

첫 아이를 낳는 일은 처음 하는 일이라 어느 정도의 아픔과 힘이 필요한지 실감하지 못한다. 남들이 다 하는 일인데 못하랴는 알량한 용기가 솟는 까닭이다. 차라리 모르니까 얼마나 다행인가. 이슬이 비치면서 해산 때가 다가와서야 초조와 불안과 기대가 뒤엉킨다. 30분마다 찾아오던 진통이 10분 간격으로, 다시 5분 간격으로 들고난다. 몸이 찢겨져 나가는 질긴 아픔에 정신마저 혼미해지고, 차츰 힘이 사라지면서 탈진상태로 빠져든다. 3분, 2분…. 잦은 진통 사이에서 갑자기 주어지는 힘. 어디서 그런 힘이 솟구치는지 신비감이 층층 일어난다. 몇 번을 거듭, 호흡마저 참는 얼굴은 붉게 팽창한다. 옆 이마에서는 푸른 힘줄이 돋고, 흐벅진 땀은 머리칼을 적신다. 힘이 끝내 긴 신음으로 돌변한다. 아찔한 희열, 고통과 축제를 동시에 아우르는 창조의 순간이며 생명이 탄생되는 시간이다.

떳떳하고도 자랑스러운 힘. 어떠한 두려움도 삼켜버리는 젊음의 힘. 그 새파란 힘이 이제는 내게서 사그라졌다. 안쓰러운 것에, 눈물겨운 것에 마음을 붙잡히고 광야보다는 뜰 같은 서정에 머물기를 좋아한다. 쾌활하기보다는 조용한 곳에 눈길이 간다.

다소곳하고 약하고 조그마하니 어찌 아니 그렇겠나. 곤경에 처하고도 굽히지 않는 서릿바람 같은 절개를 무엇으로 기대할 수 있을까. 뜨거운 햇살처럼 강인했던 정신력은 약해진 지 오래다. 바람 빠진 풍선마냥 물렁거리고 약해진 힘만이 남아 지탱하고 있다.

내가 쓰는 '힘'은 동녘하늘에 몇 점 구름이 떠 있어야만 운치 있는 일출이 된다며 피우는 고집에 불과하다. 하늘과 산, 들과 강의 색상에 매료되어 같은 색의 파스텔을 쓰고 싶어서 못견뎌 하는 욕심에 지나지 않는다. 누추한 마음의 헛간을 다스리지 못해 세상물정 모르는 산이나 오르고, 제 갈 길에 취한 물이나 만나러 가자고 떼쓰는 투정에 가깝다.

그러면서도 가끔은 외부로부터 드러나는 빳빳한 세도나 기세의 깃발을 날려보고 싶은 생각에 사로잡힌다. 댕돌같이 큰 물결과 세찬 바람을 일으키는 배경도 누렸으면 한다. 따사로우면서도 냉엄하고, 소박하면서도 전체의 깊이를 끌어안는 말솜씨도 한 번쯤 부려지길 원한다. 하지만 아무리 날리고, 누리고,

부리려고 해도 약해진 힘으로는 어느 것 하나 이루지 못한다.

스스로도 알기 어려운 것은, 외양은 가느다란 선을 따르면서도 속내는 굵은 선을 쫓아가려는 것이다. 고운 목소리가 아닌 판소리의 꺾어지는 탁음을 내고 싶어한다. 마구 지르는 통성이든, 쉰 목소리의 수리성이든 터지기를 기다린다. 그래서인지 파도가 덤비듯 밀려들어와 바위에 부딪히거나 우람한 대나무 숲을 지날 때, 손등에 불거진 푸른 혈맥을 보거나 열중했던 공부를 마치고 책을 덮는 순간이면 전율을 느낀다. 힘이 넘치는 대상을 보면 자꾸만 생각이 꿈틀거린다.

그 생각들이 내 의식의 고삐를 바짝 거머쥔다. 킁킁거리며 냄새를 더듬어 훑고, 재료를 섞고 뭉쳐서 독특한 맛을 우려낸다. 감식안鑑識眼이 들어 있는 돋보기를 쓰고, '소머즈'의 밝은 귀를 빌어 와 소리를 캐고 가닥을 푼다. 만져보는 느낌만으론 짐작이 어려우니 느슨해진 감각점을 팽팽하게 당긴다.

내가 '힘'을 쓸 때면 산통을 겪는 여인만큼 애를 태운다. '힘'을 죄다 쓰려니까 용틀임을 한다. 그랜드캐니언이, 대나무가, 혈맥이, 책들이, 고독이, 심지어 약점이나 '1'이 지니고 있는 '힘'마저 뽑아낸다. 상상력의 갈고리로 석류의 순수한 파열을, 아찔한 희열을 낚으려 키보드의 자판을 재빠르게 두들긴다.

'힘' 하나, '힘' 둘, '힘' 셋 '힘' 넷….

나는 '힘'쓰는[作] 여자다.

(2002)

체인징 파트너

'페티 페이지'의 애절한 목소리가 양탄자처럼 깔린다. 〈체인징 파트너〉. 애처로운 음률이 나를 챙챙 휘감는다. 애써 잠잠하려는 생각과 달리 마음이 갈피를 잡지 못하고 흔들린다.

내 마음을 아는지 그가 손을 내민다. 주춤거리며 선뜻 잡지 못하는 내 손을 낚아채듯 잡아끈다. 곡조의 흐름을 탄다. 천천히 앞으로 갔다가 뒤로 물러섰다가 나란히 걷다가는 빙글빙글 돌면서 춤을 춘다. 춤으로써 피날레를 장식하려는 불타는 열정을 내 어찌 모르리.

그와 내가 헤어지려 함은 누구의 꼬드김에 넘어간 것이 아니다. 스스로 내린 결정은 더더욱 아니다. 어겨서도 안 되고, 깨어 버릴 수도 없고, 없었던 일처럼 묻어버리지도 못하는, 오래전의 약속을 지키기 위함이다. 단 하루도 더하지 말고 빼지도 말며 십 년만 같이 살자고 했던 그 약속. 그래도 살다 보면 정이 들어 몇 년은 더 같이 살 수 있으려니 희망을 가졌다. 약속을 깡그리 잊어버릴지도 모른다는 요행도 바랐다. 내가 원한다면 마지못해서라도 주저앉으리라는 기대를 걸었다. 그런데 용케도 기억을 떠올려 떠날 채비를 한다. 냉정하기가 칼끝 같다.

그의 품에 안겨 춤을 추니 지난 일들이 출렁출렁 물살을 일으킨다. 그는 늘 내 곁을 지켰다. 고락을 사랑해준 파트너였으며 정신의 깊은 뿌리와 무성한 잎과 토실한 열매를 달 수 있도록 넓은 대지가 되어주었다. 우정 이상, 사랑 이하의 속 깊은 이성 친구같이 나의 정원에 머물렀다. 그리고는 따가운 햇살이, 흡족한 비가 되어 내 안의 꽃과 나무들을 싱그럽게 했다. 두 아이 키우는 재미를 붙여 주었고, 운전면허증 취득도 그의 계획에, 수필과의 만남도 그의 재촉으로 이루어졌다.

지나온 일들을 무슨 수로 다 기억하여 엮어 뀔까. 그는 지루하거나 미운 마음이 들지 않게 하였고, 나의 모든 것을 알면서도 말을 참았다. 넌지시 깨우쳐주거나 스스로 알아차리기를 바라고 기다렸다. 암시와 그리고 순간의 귀띔과 눈띔으로 생각의 틀을 깨뜨려 주었다. 내 안 깊이 개켜 있는 글재주를 꼬집어내더니 몰입하도록 부추기고 으르며 다잡아 길 몰이를 하였다. 젊음의 혈기로 다그치고 몰아세웠다. 성숙하기를 바라는 마음으로 죽비세례도 아끼지 않았다. 때론 누빔질로, 더러는 홈질로, 혹은 감침질로, 가끔은 박음질로 단련시켰다. 그의 반경에서 나는 배짱을 키웠고 요령도 익혔다. 그런 만큼 그가 떠나가는 마당에서 한 판 한풀이라도 하지 않으면 안 된다.

상큼하면서도 새콤한 맛을 내는 샐러드 같은 그. 억센 투지력을 간직하면서도 한없이 부드러웠다. 계곡 깊숙이 숨어든 물줄기처럼 거칠면서 수줍음이 많던 그였다. 덩치도 생각도 행동도 다윗이 되어 뜨거운 불처럼 다그치고 깊은 물처럼 받아들이던 그. 이제는 허공에 손을 내저어야 겨우 느낄 수 있는 바람 같은 그.

그토록 아껴주고 살뜰하게 감싸주더니 그리 변할 줄 몰랐다. 고작 십 년 세월에 무엇이든 다 들어준 것처럼 미련 한 점 갖지 않는다. 몇 날 며칠 동안 잠 이루지 못하는 나를 지켜보며 눈물까지 흘리더니만, 다시는 만나지 못할 이별임을 잘 알면서 태연한 척하는 속내란…. 차라리 화를 내고 소리를 치고 통곡이라도 하면 마음이 시원하겠다. 곁에 있어주는데도 고마워할 줄 모르는 나를 서운해하지 않았던 것이나, 쏘아붙이는 질타에도 대꾸 없이 바라보기만 하더니 결국 내 앞에서 벌이는 시위였던가.

하지만 정말 사랑했다는, 아끼고 늘 생각했다는 고백으로 얼마만이라도 머물러 달라고 해볼까. 아니, 골을 잔뜩 내면서 억지를 부리고 한바탕 소란을 피워 붙들어 놓을까. 그것도 아니면 북받치는 서러움 누르지 말고 눈물로 하소연하여 꼬드겨

볼까. 아니다, 아니다. 내 마음을 알아주고 들어줄 위인이 아니다. 언뜻 스친 서릿발 같은 냉기를 생각하면 소름마저 돋는다. 차라리 벙어리 냉가슴을 앓겠다.

탓하리라. 맛있는 것을 한 번 더 권해주길 바라듯, 기대고 소망하려는 내 마음을 탓하리라. 드러내는 생고집불통을 녹여 내릴 재간이 없는 나를 탓하리라. 맞서서 싸우지 못하고 떠나가는 그에 대해 전전긍긍하는 내 꼬락서니를 탓하리라. 그가 떠나면 중후한 멋을 가진 다른 상대를 만나게 되리라는 사실 앞에서도 그에 대한 미련을 끊지 못하는 내 욕심을 탓하리라.

마지막 춤을 추며 귀엣말로 한 가지 부탁쯤은 있을 법도 하련만. 포근한 말 한 마디 남겨줄 만도 하련만. 야속함이 스멀스멀 일어난다. 부레끓는다. 그러나 나는 수많은 시간이 흐른다 해도 그를 잊지 못할 것이다. 그리워 눈물을 흘릴지도 모른다. 많은 사람들에게 두고두고 자랑도 할 것이 뻔하다.

마음을 차근히 가라앉히련다. 떠나는 것이 어디 그뿐이랴. 수없이 만나고 수없이 헤어지는 것. 종래에는 자신이 자신조차 떠나야 하는 것을. 그것이 세상만사 인간사이거늘. 서럽더라도 좋은 마음으로 보내자. 소월은 떠나는 임을 위해 진달래를 따다가 흩뿌렸잖은가. 나는 그를 위해 어떤 꽃잎을 뿌릴까. 그래, 이런 날은 눈이 내리면 좋겠다. 눈, 눈이여 내리거라. 하얀 눈꽃이 되어 흩날리거라. 그가 사뿐히 즈려밟고 갈 수 있도록 날아와 쌓이거라.

제야의 종소리가 '페티 페이지'의 목소리와 뒤섞여 들려온다. 그는 추던 춤을 마무리하면서 잡았던 손을 서서히 놓는다. 그를 실은 시간의 배는 조용히 나의 포구를 빠져나간다. 망연히 바라보는데 누군가 다가와 앞에 선다. 체인지 되는 파트너. 고개를 돌려 사라져가는 그에게 손을 흔든다.

서른, 내 서른의 날들이여, 아듀!

(1996)

트랜스젠더

꽃의 향기는 여하튼 매혹적이다. 그 보이지 않는 아름다움은 소리나지 않으나 울림 있는 명문장과 같다. 아무도 보고 있지 않는 듯이 추는 춤이고, 어느 누구도 듣고 있지 않는 것처럼 부르는 노래이며, 한 번도 상처받지 않은 것 같은 사랑이다.

꽃의 자태와 향기는 여인을 연상케 한다. 연하고, 부드럽고, 귀엽고, 예쁘고, 사랑스럽기에 '꽃=여자'의 등식이 자연스럽게 성립된다. 그래서인지 뭇 여인들은 꽃에 비유되는 것을 우쭐한 기쁨으로 여긴다.

가끔 예외를 만난다. 본디 예외는 독특한 존재다. 외돌토리의 슬픔을 독차지하는가 하면 보통을 초월한 깊은 구석을 지니고 있다. 특별한 어떤 것을 내포하고 있기에 평범한 무리로부터 따돌림 대상 1호다. 그러나 그것을 서러워하거나 고민하지 않는다.

밤느정이에서 예외의 능청스러움을 발견한다. '진심'이란 꽃말과는 유다르게 꽃의 생김새부터 레게머리를 한 청년의 머리채 모양이다. 아니 도가머리라고 하는 것이 적절하겠다. 향기 또한 여느 꽃들과는 달리 특이한 색조를 띠고 있다. 여자들이 밤느정이에 비유되는 것을 유쾌하게 생각하지 않는 연유가 된다.

산골짜기 잔설들이 녹아내리는 소리, 나뭇가지에 물이 오르는 소리, 여인들의 마음이 날아다니는 소리, 봄바람에 실린 그런 소리들이 귓등을 타고 놀 때면, 연초록 잎들이 산날망으로 기어오르고 물푸레나무가 물빛 마음으로 흥얼거린다. 하얀 밤느정이도 예서제서 피기 시작한다. 점점…. 페스티발이 절정을 향해 무르익어 가고, 초대된 벌 떼들의 향연도 펼쳐진다. 뭉뭉한 열기가 틈도 없이 운집해 있다.

밤느정이는 꽃 잔치가 무색하지 않도록 향내를 쉴 새 없이 토해낸다. 넘침은 모자람만 못하고, 은은할수록 사랑받는다는 정황을 모르나 보다. 풍족한 것만이 능사가 아닌데, 넌지시 찔러주는 충고에도 아랑곳 않고 분별없는 저 헤픔을 어찌 막을까. 제 성질이고 제 고집이고 제멋인 것을. 그러나 제멋에의 도취가 남부럽잖은 행복이라 할지라도 가까이 하기엔 왠지 거북스러운 강한 냄새는 숨쉬기조차 용천하다. 마치 후손에게 물려주는 미토콘드리아의 DNA처럼 나타나는, 페로몬 향기라고 해야 할까. 남자의 그 냄새와 흡사한 꽃 비린내를 풍겨낸다.

그 특이함과 강렬함은 멀미마저 일으킨다.

오호라! 남성을 상징하는 꽃? 그럴 리가? 아니, 그렇다고 인정할 수밖에 없다. 분명한 것은 암꽃과 수꽃이 한 그루의 나무에서 잎겨드랑이를 통해 피어나는 미상尾狀 꽃차례이고, 소스라칠 일은 이 중 짙은 향기가 수꽃에서 난다는 사실이다. 갑자기 낯익었던 현실이 낯설어진다.

억지스런 발상이라 해도 좋다. '해리포터와 마법사의 돌' 얘기만큼이나 현실성이 없어 보인다 해도 할 수 없다. 가끔은 환상이 눈에 보이는 현실보다도 더 사실적일 때가 있다. 말이 된다는 생각이 얼핏 스친다. 해서 나는 밤나무에서 자연의, 자연에 의한 성전환 수술이 자행되고 있다고 감히 상상을 한다.

열광의 축제도 서서히 막을 내리고, 밤느정이는 모두들 알고 있으면서 그 누구도 입 밖에 내지 않은 이야기와도 같은, 남성적에서 여성적으로의 변신을 시작한다. 천천히, 몇 달 동안 시나브로 진행된다. 그 시술은 은밀한 곳에서 조심스럽게 이루어진다. 남성적 밤느정이가 하염없이 지고 또 지면서 포침을 박은 각두로 성을 쌓고, 단단한 갈색 껍데기로 담을 치며, 얇은 속껍질로 챙챙 울을 여미는, 여성적 변신에의 혼혈을 기울이는 것이다.

거스를 수 없는 운명
여자이고 싶은 그 마음

온전한 여인이 되기까지 아무도, 심지어 하느님도 엿보지 않는다. 시간마저 말없이 잠잠하게 기다린다. 기다림에는 주는 것만큼은 아니지만 만분의 일이나마 얻을 무엇이 있는 까닭이다. 그래서 허기인지 목마름인지 모를 그 기다림을 가져야 한다.

밤송이는 두어 계절이 지나도록 자연을 따르고 자연에 내맡긴다. 그리고 '내기'라는 시술과정을 거친다. 지독한 뙤약볕의 담금질을 견뎌내기. 심술 고약한 태풍에 맞서 이겨내기. 즙액을 빨아먹는 왕진딧물, 잎살을 먹는 데 죽살이치는 깍지벌레, 인정머리라고는 없는 어스렝이나방의 헤살을 버텨내기 등의 고통을 치른다.

그러구러 좁은 각두 속에서 인내와 함께 여물어가고, 소슬바람이 불면 단정한 제 매무새를 드러낸다. 차오르는 몸을 죄던 철퇴 같은 갑옷을 찢는다. 성곽을 무너뜨린다. 아니 남성적을 완전히 벗어던진다. 굼뜬 듯한 무던함과 진중한 참을성과 질박한 성품이 있어 가능했는지도 모른다. 어두운 굴 속에서 사람 되고자 빌며, 기다리며 웅녀가 된 수곰처럼.

딱딱한 밤송이. 그 껍데기의 완강함은 융통성이 없어선 줄 알았다. 강인함을 드러내는 것이 아니라 부드러움을 말하려는 고백인 것을 차마 몰랐다. 아뿔싸!

찢어진 각두를 반쯤 걸치고 드러낸 알밤이 토실하다. 탐스러운 자태에 마음마저 풍성해진다. 고동색 외피에 자르르 흐르는 윤기에서 앞가르마 곱게 빗어 넘긴 여인의 쪽 찐 머리가 엿보인다. 단정함과 곧은 절개가 섬광처럼 스친다. 조심스럽게 겉피를 벗기자 보늬 차림에서 속치장을 잘한 속곳 바람의 여인이 아름답다. 가슴을 동여맨 속치마의 말기가 얼비친다. 함부로 내보이지 않으려는 여인의 고고함과 넋이 묻어 있다. 다시 보늬를 벗긴다. 몇 달 동안 하양을 달이고 달인 상아빛 속살이다. 보는 이의 숨소리를 잦게 하는 서늘하면서도 고결한 백자가 아닌가. 터질 듯이 차오르는 만월이요, 어떤 삿됨도 끼어들 수 없는 꽉 참이다. 절세가인이다.

(2008)

마중물

길의 길

물로 빚은 사람

오! 광

그믐달

덤

근根

마샤 스튜어트, 이효재

마중물

여기 있었네그려. 이런 산골로 들어오니 만날 수 있구먼. 얼마 만인가. 근 사십 년 만이 아닌가 싶네. 그러고 보니 우린 죽마고우일세.

내가 초등학교라는 데를 막 들어갔을 때 말이야. 그 시절에 자네는 신식이란 바람을 몰고 왔어. 어린 눈으로 처음 봤을 때 괴물이라고 생각했었지. 사람 형상을 했으면서도 머리가 없었고, 반기듯 양팔은 벌렸지만 짝짝이 팔을 가졌고, 한 다리로 서 있는 것이 볼썽사나웠다네. 판자 지붕 밑에 혼자 있는 모습은 왜 그리 측은해 보이던지. 선생님이 자네를 가리키며 "펌프우물"하던 생각이 생생하구먼.

차츰, 여느 동네에서도 만날 수 있게 되었지. 자네는 젊은 아낙이었던 우리 어머니들의 물 긷는 힘을 덜어주었어. 퍽 좋아들 하셨다네. 마음을 드러내지 않으면서도 깊은 속 얘기를 흥건하게 토해냈잖아. 알 수 없었던 것은 열심히 일하다가도 쉼이 길어지면 한없이 나태해졌어. 피식피식 바람 새는 소리도 냈지. 그러다가 한 바가지 물로 목을 적시면 언제 그랬냐는 듯 부지런쟁이가 되곤 했다네.

그러네. 자네에겐 몸속 깊이 간직한 많은 물만큼이나 소중히 여기는 작은 물이 있었다네. 한두 바가지의 그 물 말일세.

깊은 물을 마중하러 나가는 물
물씨
마중물

"마 · 중 · 물, 마중물, 마중물."

어감이 좋아 자꾸 불러보게 되는구먼. 마중 나가는 그리운 추억 때문인가 보네. 우리 집에는 마당 한가운데 너른 화단이 있었는데 꽃나무가 아주 많았다네. 그 숱한 꽃 중에서도 수수꽃다리(라일락)와 불두화와 능소화는 지금도 가슴속에 피어 바람만 불어도 일렁거리지. 화단 귀퉁이에서 무리지어 피던 노란 달맞이꽃은 또 어떻고. 해가 지고 달이 떠오를 무렵이면 들려주던 신기한 소리를 자네도 들어봤을 거야. 톡, 톡톡, 톡톡, 톡…. 여기저기서 꽃망울이 달마중하느라 벙그러지던 그 소리를 말이야.

내겐 언니가 넷이 있지. 언니들을 참 좋아했네. 셋째와 넷째 언니가 외지에 나가 공부했는데 주말이면 집에 왔어. 언니들을 마중 가서 손잡고 걸어오던, 양옆으로 키 큰 코스모스가 만발했던 길. 마중이란 말만 들어도 그 길은 곰살스럽게 눈물샘 위로 떠오른다네.

내가 공직에 있을 때 말인데, 좀 늦은 퇴근을 하는 날이 더러 있었지. 그런 날이면 노모도 어김없이 나를 마중했어. 그때도 손을 잡고 걸었지. 어머니는 손에 힘을 주면서 무언의 사랑을 흘려보냈다네. 그때마다 전광석화가 지나가는 듯한 전율을 느끼곤 했어. 어떠한 불덩이가 그보다 뜨거울까. 그리워서 얼굴 내미는 추억들이 하나도 아니고 둘도 아니고 열도 아니라네.

고요한 대낮. 실로 오랜만에 한적한 산골에서 자네를 만나니 반갑네그려. 손 한 번 잡아 볼까나. 목이 마른가 보구먼. 함지박에 담겨 있던 물이라네. 한 모금 마셔 보게나.

보이지 않지만 자네 몸속으로 흘러드는 마중물의 '몸짓'이 보이는 듯하네. 자네의 한 팔을 잡고 오르락내리락 힘질을 해보네. 콸콸콸콸…. 호탕하고 질퍽한 웃음소리를 쏟아내는 것은 지금도 여전하네그려.

겉은 차갑고 흉해도 속은 따스하고 늡늡하던 자네 아닌가. 갈증난 목을 축여주는 한 모금의 물을 감지덕지하며 몇십 배, 몇백 배로 불려주는 마음. 본받아야 할 심성이네. 이 세상에 그런 사람이 있는지 몰라. 지금은 아는 게 많은 것보다도 가진 것이 풍족하여 흥청거리며 쓰는 '수도족水道族'이어야만 알아주는 세상이라네. 자네 같은 '펌프족'은 여운 가득한 '古'자가 붙었으니 이제는 동화나라로 이민이나 가서 터를 잡아야 할 걸세. 넉넉하지만 함부로 퍼내지 아니하는 자네의 뜻을 알기나 하겠어. 마중물로 먼저 입맛을 당기려는 자네의 고집이 난 좋네그려. 운치야 '우물족'이 최고이긴 하지, 소박하기도 하고. 그러나 두레박을 올리고 내리는 수고만큼만 주는 깍듯함이 있잖아. 흘러넘치게 퍼주거나 덤으로 얹어주는 것은 예禮가 아니라는 고지식함을 가지고 있지.

해가 우리를 보며 따스히 웃고 있네그려. 자네에게서도 온기가 흐르는구먼.

마중물에 대해 생각을 해 보네. 그저 한 바가지의 물인데, 그것이 무엇이기에 몸속으로 들어가 고인 물을 흔들고 깨워서 세상 밖으로 솟구치게 하는가. 필경 제물로 쓰는 희생양 같네그려. 자비지심이라고 해야 할까. 운동하기 전에 몸을 푸는 기본체조라고 해 둘까. 아니면 일상을 촉진시키는 자극제로도 풀어보고 싶구먼.

이 보게. 내 삶에 있어서도 마중물이 있을 것 같은데 그게 뭔지 모르겠네. 나도 그거 하나 소중히 간직하고 싶네. 마시지 않고 다시 토해내야 하는 첫물이라 할지라도 그것을 들이키면 삶의 의욕이 살아나고, 아름다운 어휘들이 쉴 새 없이 솟구쳐 문장을 이루도록 말일세. 그래서 내 마음이 머무는 곳에 향기를 남길 수 있으면 좋겠네. 간혹은 바다와 같은 왕양한 기상이 뿜어 나오고, 파도와 같은 격렬한 정열을 부려보기도 하며, 구름같이 발발한 야심도 펼칠 수 있다면 더할 나위 없지.

함께 있어도 저마다 고독한 세상이라네. 그래서 마중물 같은 사람들의 마음이 그립다네. 책 속에서 만난 성인들의 희생심이나 보리심에서 볼 수 있었던 것 말일세. 가끔은 수고나 고통을 대신 짊어지고 살아가는 낮은 자리의 사람들에게서 엿볼 수 있지. 그들은 빛보다도 소금이 되기를 바라는 사람들이라네. 밝지만 그림자를 드리우는 빛이 아니라 보이지 않게 스스로 녹으며 말없이 도와주는 소금 말일세.

그 사람들의 삶이 끌어올린 물로 나는 밥도 짓고 빨래도 하고 목욕도 하며 화분에도 시원하게 뿌린다네.

나는 누구의 마중물이 될꼬!

(2003)

길의 길

손에 땀이 찬다. 꽉 펴고 들여다보니 손금으로 물이 흐른다. 시원스레 개울물 소리를 내기도 하고 소리 없이 유유히 흐르는 강물이 되기도 한다. 한참을 들여다보던 눈길을 손끝으로 옮긴다.

그림 하나가 문득 떠오른다. 그 그림이 생각나 손가락마다 인주를 묻혀 하얀 종이 위에 살며시 굴려본다. 어김이 없다. 빨간 실선이 동그랗게 그려져 있다. 또렷하다. 쟁기로 일궈낸 밭고랑을 닮기도 하고, 사막의 거센 바람이 빚은 아름다운 모래톱 같기도 하면서, 세월을 얘기하는 고목의 나이테 모양으로 번진다. 맥을 이어 넓게 퍼져 나간다.

손가락 끝에 융선이 새겨놓은 피부의 무늬.

지문이다.

그것은 길이다. 끝없이 이어져 하늘까지 연결되어 있을 것 같은 길. 처음에 생겨난 대로 평생 변하지 않는 길. 유전성을 띠고 있으나 성격처럼, 생김새마냥 사람마다 다르다. 비슷하게 생겼으면서도 똑같지 않은 오로지 하나뿐인 길이요, 육친들이 걸어간 혈의 길, 신비로운 길이다.

며칠 전 친구를 만나러 갔다. 친구의 도예 전시회에 참석을 바라는 전갈이 좋은 구실을 하였다. 기대에 부풀어 한달음에 내처 달려갔다.

예술의 전당, 디자인 미술관. 들어서자마자 친구의 헌팅캡 모자와 긴 머리, 그리고 검은색 가죽점퍼가 먼저 눈에 띄었다. 조명을 받으며 고고한 자태로 앉아 있던 청자가 그윽한 빛으로 반겨주었다. 작가의 옷매무새와 작품의 맵시가 현대와 고전으로 엇갈렸는데도 묘하게 어울렸다. 그 어울림이 전시장에 그대로 진열되어 있었다. 예전부터 서양식 인사 나눔이 익숙해진 것처럼 우리는 자연스럽게 포옹하며 뺨을 비비고 서로의 등을 토닥거렸다.

그녀는 고고하고 도도한 자태의 청자들을 하나하나 설명하며 나의 눈 도수를 높여주었다. 차가운 듯 시원스런 직선의 무늬와 따스한 듯 부드러운 곡선의 무늬를 조합하는 데 몇 년의 시간이 소요됐다고 했다. 고풍스러우면서도 세련된 청자의 출현이었다.

무슨 곡조인지 잘 알 수 없으나 첼로의 현이 낮게 떠는 소리가 흐르고 있다. 전람회장에 깔아 놓은 배경음악이어서가 아니다. 그 가락은 청자의 깊이를 더듬고, 스며들고, 다시 거쳐 나와서 내 마음으로도 흘러들었다. 첼로의 선율과 어우러진 청자는 바로 그녀의 삶과 정신이었다. 머리카락 한 올을 뽑아내듯이 내 정신 한 가닥을 잡아당긴다. 나는 순간적으로 몸이 경직되는 것을 느꼈다. 내 감동이 그녀에게로 옮겨가도록 지긋이 손을 잡았다. 그리고 힘을 주었다. 잠시 동안이지만 공감을 나누었다. 그녀와 청자가 '지독하게 맺어진 연'이라는 예감과 함께, 그녀에게서 보부아르와 마리퀴리, 코코샤넬과 마돈나를 느낀다. 월등하게 뛰어난 재능으로 세상의 잘못된 생각을 무너뜨리고, 초인적인 노력으로 자신의 길을 걸어갔던 그들의 모습이 엿보였던 것이다.

도예전의 여운이 채 가시기 전 나는 관호동 동덕갤러리로 갔다. '윤기언 개인전'을 보기 위해서였다. 천천히 아주 천천히 맛있는 음식을 아껴먹듯 음미해 보라는 친구의 조언을 잊지 않는다.

한 점 한 점 눈으로 밟아 가는데 예사롭지 않은 그림이 발목을 잡았다. 〈불안－조이다〉라는 제목 앞이었다. '평화－넓히다'라는 제목이었다면 수긍이 갔을 터이다. 그림하고도, 제목하고도 아무런 상관이 없는데 문득 아버지가 떠올랐다. 뜨거워지는 목울대를 가까스로 가라앉혔다.

촘촘하게 그려진 실선의 의미가 무엇일까 생각했다. 몇 발짝 물러서서 볼 때는 하나의 섬처럼 보이던 것이 가까이 다가가자 지도 속에 그려진 등고선을 연상시켰다. 아니 어린 시절 아버지의 손가락 끝에서 보았던 피부의 줄무늬, 지문으로 보이는 것이었다.

강렬한 무엇이 있던 것도 아니고, 끌어당기는 어떤 포인트도 없었는데 그 그림이 잊히지 않는다. 선을 따라가면 누군가를 만날 것 같은 끌림 때문인지도 모른다. 그래서 허튼 짓을 해본다.

0.5㎜의 연한심 샤프연필을 쥐고 찍어 놓은 지문 자국을 따라간다. 아니, 아예 요술 모자를 만들어 쓴다. 나는 눈에 보이지 않을 만큼의 소인小人이 된다. 그리고 가볍게 지문 길을 산책하는 기분으로 걷는다. 숲 속을 거닐다 무심코 나뭇잎 하나를 줍고, 바닷가를 걷다가 우연스레 하얀 조가비 하나를 줍듯이 가볍게 걷는다. 가다가, 가다가 오렌지 빛 아침햇살의 아름다움을 보기도 하고 해맑은 바람도 만난다. 시원한 옹달샘 물도 한 모금 마신다. 언뜻 낯익은 웃음소리를 듣는다. 억만 겁으로 누빈 인연의 줄을 잡고 오빠와 언니들이 저만치 앞에서 걸어가고 있다. 중중무진重重無盡, 화엄의 세계다. 나도 뒤에서 부지런히 따른다.

아버지가 거기에서 빙긋이 웃고 계신다. 요술 모자를 벗기 전까지. 연필심이 다 닳을 때까지.

(2004)

물로 빚은 사람

그립다. 보이지도 않고, 만지지도 못하고, 아무리 불러도 대답조차 없으니 그러하다. 더 슬픈 것은 자꾸만 잊혀져가는 일이고, 어릴 적 함께 하였던 장소마저도 점점 사라지고 있다는 사실에 마음이 쓰라리다.

나이 사오십을 넘긴 사람들은 어머니에 대해 대체로 현존보다는 부재 쪽에서 얘기를 빚는다. 분주한 생활에 휘둘려 까마득 잊고 있어서 부재인 듯 하지만 누구든 마음속에 잠재우고 있는 뜨거운 실존이다. 세월이 그냥 흐르기만 하던가. 보낸 적 없는데 가버리고 주는가 하더니 빼앗아 간다. 껑충 뛰기도 하면서 제곱근으로 뿌리를 뽑는다. 그 세월에 떠밀려 새하얗게 잊었다가도 어느 순간 되살아나서 울컥거리게 하는 이. 어머니. 그에 대한 순간적인 그리움은 시간처럼 길어진다.

어디든지 어머니가 있는 곳은 고향이 된다. 삶의 중심이 되기도 한다. 고향에는 모래집물이라고도 하고 포의수胞衣水라고도 하는 못이 있었다. 옛날, 우리들이 세상과 만나기 전 그 못에다 열 달 동안 몸 담근 채 배냇짓하면서 놀았다. 사계절의 화려한 변화는 느끼지 못할지라도 쉬고 싶으면 쉬고, 자고 싶으면 자고, 먹고 싶으면 먹을 수 있었던, 아무것도 바랄 것 없는 안식처였다. 맛들고 정들었던 궁궐이기에 세상에서 가장 아늑한 곳이요, 모든 편의가 완비된 즐거운 낙원이었다. 나이테 동심원의 안쪽처럼 고요하고 평화로운 세계였다.

그 세계를 소유하였으니 어머니는 부자였다. 그러나 소박하였다. 힘이 넘쳐서 흘러도 거만하지 않았다. 자존심은 가졌으되 겸손하였다. 배운 것은 보잘것없지만 정신만은 풍요로운 사람이었다.

언젠가 TV에서 〈지금 만나러 갑니다〉라는 프로를 본 적이 있다. 맨 마음으로 보기 힘들었던 생각이 난다. 어떤 이유로든 간에 버려야 했고, 버려져야 했던 사람들의 슬픈 이야기. 우연히 잃었고, 잃어버림을 당해야 했던 가슴 아픈 사연이 펼쳐졌었다. 서로가 그리될 수밖에 없었던 운명으로 점철된 모자지간, 혹은 모녀지간의 상봉이었다.

만남과 헤어짐. 그리고 다시 만남은 태초부터 예정되었던 필연이요 섭리였는지도 모른다. 서구식 환경에 젖어 말이나 사고가 판이해지고 냉정해졌는데도 자신을 낳은 분에게만은 가슴으로 이름을 불렀다. 원망과 외면과 체념이 이해의 마음으로 변하면서 실타래처럼 풀어졌다. 그 어머니들은 자식을 잃었다는 죄책감에 가슴 졸이며 세상의 모서리로 살아왔다. 칼날 북풍같이 차갑고, 지독하게 뜨거운 삶을 견뎌야 했다. 아틀라스처럼 숙명의 짐을 등에 짊어진 채 괴로움에 눈물을 흘렸다. 아니, 울고 싶어도 울지 못할 때가 많았지 않았겠는가. 눈물을 흘리다가 자신이 무너질까 봐, 자신이 무너지면 그대로 주저앉게 될까 봐, 목 너머로 깊숙이 눈물을 삼키며 속울음을 울었다. 그 눈물은 단 한 방울도 새지 않고 세상 어딘가에 살고 있을 자식에게로 흘러가 영혼의 우물에 그대로 고였다. 그래서 외롭거나 아프거나 힘들 때마다 씻어 주고 닦아 주고 일으켜 세웠다. 그러기에 그들은 잃어버린 자식들에 대한 그리움에 지치고 어려움이 닥쳐도 그만 걷겠다고 옆길로 비켜서지 않았다. 어디 그들뿐이랴.

누구에게나 오직 하나뿐인 사람. 우리들을 만들어낸 사람. 먹지 않았는데도 늘 배부르고, 밥 한 그릇의 대접에 콧등이 시큰거려 눈시울을 적시는 사람. 그들이 맺히고 흘린 땀방울은 핏방울만큼이나 영웅적이다.

그들의 장기長技는 스스로를 위한 일이라면 모르는 듯이 은근슬쩍 고개를 돌리는 일이다. 그러나 자식의 일이라면 사람 해치는 일 말고는 뭐든지 마다하지 않는다. 무엇을 얻자고, 무엇을 바라자고 펄펄 끓는 열정을 쏟는가. 왜소한 몸으로 감당

키 어려운 거센 세파에 정면으로 맞서면서 강단을 부린다. 때로는 폭풍처럼 강렬하고, 더러는 전율이 느껴지도록 처절하고 외롭게 버틴다. 미끄러지거나 고꾸라져도 검질기게 일어선다. 틀린 줄 뻔히 눈치채고도 어쩔 수 없이 행동하고, 옳은 줄 훤히 알아차리고도 옳다고 말 못한 적이 어디 한두 번일까.

아들 딸만큼은 자신보다 더 잘 살기를 바라는 바보들. 바보인 것조차 모르는 바보들이다. 미워하고 아파하다가도 용서하고 풀고 상처까지 끌어안으려고 진땀을 흘린다. 모진 일, 험한 세상을 감당하느라 억척스럽게 살아간다. 종당에는 살이 저물대로 저물어져 굴왕신 같은 몸이 된다. 그러면서도 어떠한 어려움도 극복하게 하는 신비체가 되어서, 몸과 마음과 혼을 움직이게 하는 강력한 생명에너지가 되어서, 끝까지 쉬지 않는 풀무가 되어서, 자식들을 향해 불꽃을 날린다.

그들은 촛불 빛이다. 자신을 태워 불을 밝히고 어둠을 가르면서 퍼져나가는 빛. 조용하고 은근하고 따사로운 빛. 자신의 진실을 투명하게 보여주는 작은 빛. 보이고 느껴지는데 어느 누가 그것을 모를까. 밝기도 하다. 따습기도 하다. 우리는 그 빛을 통해 바깥세상으로 나왔고, 바깥세상을 구경할 수 있었다. 그 빛은 숭고한 사랑으로, 정성스런 위로로, 든든한 길잡이로서 우리들의 생을 안내한다.

존재했었음 자체만으로 깊은 울림을 주는 이. 세상에서 가장 아름다운 여인. 모래물집과 땀과 피와 눈물로 빚어진 사람.

가만히 불러보는데 가슴이 아려온다. 흔적조차 없어진 빈자리는 깊어만 가고 남은 것이라고는 그리움뿐이다. 그리움이 목울대를 타고 올라오더니 온몸을 슬프도록 흔든다.

(2005)

오! 광

I

ㅎㅎㅎ… ㅋㅋㅋ… ㅋㄷㅋㄷ… ^ ^… ㅠㅠㅠ….

낭자한 웃음소리가 호수를 이룬다. 그 호수에 배 하나씩 띄우고 놀이를 즐긴다. 호수 한가운데 마음의 분수대에서는 엔도르핀이 시원하게 분출한다. 서울에서 부산에서 청주에서 대전에서 출동해 제주도에 집결했다. 일상을 털고 날아왔으니 그 들뜸이야. 가벼움이야.

화투의 광을 빌어 '오! 광'이라 이름 지은 다섯 자매가 모였다. 해는 저물고, 따끈하게 데워진 방에 여장을 푼다. 포만감 넘치는 먹을거리가 있고, 이야기 잔이 기울어지니 앨범 속에 간직된 낡은 역사들이 꿈틀거리며 걸어 나온다. 하늘과 바다가 서로 더 아름다운 파랑이라며 다투는 듯한 이야기. 마디난 기억에서 끄집어낸 이미 서로가 다 아는 아버지, 어머니 이야기. 조각난 사실이 오랜 세월 흘러 점점 전설이 돼 가는 자기들만의 이야기. 참으로 오랫동안 끓이는 재탕이요 삼탕이다. 하늘에서 떨어진 기막힌 묘책이 있을 리 없다. 그런데도 머리에서 발끝까지 촉촉하게 젖는 그리움이 있고, 가슴 깊은 데까지 시려오는 아픔이 있다. 그토록 나누는 이야기인데도 신물이 나지 않는 것은 아버지 어머니가 흘려 놓은 찐득한 정 때문이다. 아팠던 상처가 잘 아물고, 슬픔과 회한의 덩어리가 기쁨과 감사의 선물로 살아나기 때문이다. 모두가 주연으로 코끝이 찡해지다가도 폭소를 유발하는 1급 개그물인 까닭이다.

조용하면서도 근엄한 모습이며 한 번 기침소리로 열 마디, 스무 마디의 말을 대신했던 아버지 정종택. 강인하면서도 눈물이 많은 여걸 중의 여걸로 집안의 해결사였던 어머니 김문선 산하에 칠 남매가 있다. 그 중 위로 두 형제는 잠시 돌려놓고 내리 다섯 딸들만 모였다. 그녀들의 개성을 들춰보기로 한다.

Ⅱ

1. 일광

정태이. 1940생으로 내면은 김문선파이며 외형은 정종택파이니 부부의 절충형으로 성공한 작품이다. 외유내강의 표본으로 짭짭한 살림밑천이었다. 젊은 부모에게서 태어나서 그런지 두뇌가 명석하고 지혜롭다. 당시는 집집마다 가난을 달고 살았던 시절이다. 게다가 어머니의 남아선호는 유별나서 두 아들을 가르치기에 바빠 딸들은 뒷전이었다. 우리 가족사에서 그토록 배워보고자 했던 열망이 꺾인 첫 희생자다. 근근이 중학교를 졸업했지만 그 열정을 가사에 쏟아 시쳇말로 동생들의 매니저요 훌륭한 멘토가 되어 주었다. 농사일에 머슴처럼 바쁜 어머니를 대신해 두 오빠와 동생들의 옷매무새를 깔끔하게 해 주었고, 집안 살림을 반짝반짝 잘해내 알토란 같은 존재였다. 큰언니답게 말수가 적고 생각이 깊다. 무던함과 참을성이 진중하다. 손바닥에 물집이 잡히고 어깨가 무너지는 고통을 달고 살았던 세대에 어울리듯 그 저변으로 깊이가 있다. 어머니 같은 언니랄까. 호인이라고 자자한, 법 없이도 사는 형부를 만나 평범하듯 독특하듯 살고 있다. 소싯적에 이루지 못했던 여의사의 꿈을 첫 딸을 통해 완성하였다.

2. 이광

1944년산 정태분이다. 순수 김문선파다. 땅딸한 몸매에 성질이 당찬 편이고 속내가 따뜻해 작은 고추에 걸맞다. 야무지고 손놀림이 빨라 예사롭지 않으며 가지고 싶은 것은 갖고,

하고 싶은 것은 하고야 마는 실속파다. 오빠들의 상급학교 진학에 향학열만은 접어야 했던 제2의 희생자다. 그러나 포기하지 않고 무엇이든 배우고자 하는 열정으로 욕심을 부렸다. 중학교에 다닐 때는 미용기술을 따로 배워 면허증까지 따 놓았다. 하지만 아버지의 반대로 조그마한 미용실 하나 차리지 못했다. 이 동네 저 동네 아낙들의 파마와 아이들 머리를 잘라주는 봉사로서 능력을 발휘하다 결혼하면서 접었다. 고등학교 교사였던 형부는 백구두에 백색 바지를 즐겨 입던 멋쟁이였다. 형부를 만나 어찌 마음고생이 없었을까마는 남들 눈에는 잉꼬부부처럼 부부애가 좋았다. 아내밖에 모르는 애처가로 보였으니 언니의 냉가슴 앓기는 한동안 지속되기도 했다. 이제는 손자 손녀의 신세대 센스쟁이 할머니로 살아가고 있다. 다섯 딸 중 가장 떵떵거리는 부자로 살고 있어 우리들 사이에서는 빌딩갑부라 불린다. 뒤늦게 야구에 빠진 광팬이기도 하다. 야구선수 이름을 줄줄이 꿰고, 그럴싸한 해설까지 덧붙인다. 투수판에서 홈플레이트까지 18.44미터 거리 안에서 스트라이크가 나오고 번트와 장외홈런이 나오는가 하면 병살타와 데드볼이 나온다며 우리의 삶과 같은 야구판 경기 규칙을 장황하게 늘어놓는다.

3. 삼광

정태향이다. 내면은 정종택파이고 외형은 김문선파로서

1950년 육이오가 발발하던 해 태어났다. 마음씨가 곱기로 동네에서 이름이 났던 할머니는 외며느리에 대한 사랑이 지고지순하셨다. 할머니는 전쟁 중에 태어난 셋째손녀가 산모 고생을 시키는 것이 안쓰러워 내다 버리라는 말을 흘리셨다. 그 소문이 파다했지만 가장 예쁘게 자라면서 한 미모 했다. 막둥이를 등과 허리가 휘도록 업어 주었고, 공부면 공부, 미모면 미모로 명성을 날렸다. 욕심이 적은 데다 착한 마음까지 지녔으니 나무랄 게 뭐랴. 하지만 여고 시절 줄기차게 따라다니던 남학생들에게만은 새침하고 도도하기가 하늘 높은 줄 몰랐다. 칼바람을 일으켰다. 셋째 딸은 선도 안 보고 데려간다는 말에 합당하게 '오! 광' 중에 유일하게 연애결혼을 했다. 교편을 잡고 있던 형부는 프랑스 배우 아랑드롱을 닮은 사나이였다. 호시절 여한 없는 낭만을 즐기다가 잘 나가던 직장까지 그만두고 형부를 따라갔다. 살면서 경제적으로 빠듯해질 때는 종종 버린 직장에 대한 후회 섞인 한숨을 토해내었다. 하지만 형부를 교육장 지위까지 오르게 한 걸 보면 내조의 여왕으로 손색이 없다. 지금도 역시 곱고 예쁜 장년의 소녀로 살아가며 유수 같은 세월을 아쉬워한다.

4. 사광

1953년생 정태희다. 거의 김문선파다. 의리가 있고 적극적이면서도 감성적이다. 어려서는 털팔이라고 할 만큼 야무지지 못하고 엉뚱했다. 만홧가게 출입이 자자했고, 비용을 대느라 몰래 아버지의 지갑을 털었다가 들통이 나서 어머니의 호된 회초리 맛을 보고야 버릇을 고쳤다. 사춘기 때는 배우가 되겠다고 가출해 서울을 다녀온 경력도 있다. 중·고등학교를 다니면서는 학교도서관 책을 모조리 독파한 독서광이요 문학소녀였다. 어려서부터 키가 크고 덩치가 좋았던 탓에 어머니는 삼광의 책을 받아 경제적인 공부를 시키려고 두 살 앞당겨 학교에 보냈다. 삼광과는 한 학년 차이로 학창기를 친구처럼 어울려 지냈는데 그 미모에 치어 인물 고생이 여간 아니었다. 어디 인물뿐이었으리. 지금도 가끔씩 간접적 피해보상을 요구하다가도 자기 개성 브랜드에 긍지를 갖는다며 꽁지를 내린다. '오! 광'을 이끌어가는 리더이자 현직 공무원으로서 첫 직장에서 30년 세월을 보낸 만큼 추진력이나 포용력이 뛰어나다. 요즘 같으면 실력이 딸려 되지 못했을 공무원이지만 오래 붙들고 있다 보니 상종가를 치는 시절이 되었다고 너스레를 떤다. 솔직하면서 창의적이고 시원시원한 입담으로 '오! 광'을 쥐락펴락, 배꼽을 잡는 웃음을 곧잘 선사한다. 뭐든 얘기가 시작되면 고기가 물 만난 듯하다. 힘든 이야기가 나오면 느닷없이 스트레스는 살아가는 데 일용할 양식이라며 판을 벌인다. 돈을 벌기 위한 일터에서 의미와 보람을 찾으면 삶터가 되고 한 단계 업그레이드하면 꿈터가 된다나! 기름기 좔좔 흐르는 말솜씨를 유감없이 발휘한다. 재주로 보아 소설가가 될 줄 알았는데….

5. 오광

종말이, 1957년산 정태귀다. 9남매를 낳아 남매를 잃고 어머니가 마흔넷이 되던 해 낳은 늦둥이다. 태어날 땐 아들이 아니어서 섭섭해 우셨다고 한다. 더 애지중지 길러 준 것은 내리사랑이라는 감정과 책임의식과 연민이었을 게다. 큰오빠가 학교 선생이 되고 난 후에 태어났으니 가난이 점차 면해지기 시작할 즈음이었다. 유일하게 학비 걱정 없이 보리밥 먹지 않고 학교에 다닌 첫 수혜자라 할 수 있다. 덕분에 어려운 친구들의 부러움 대상이 되기도 했다. 생김도 성격도 아버지를 가장 많이 닮은 순수 정종택파다. 차분하고 꼼꼼하여 미네랄 같은 차가운 면이 있기는 하지만 그렇다고 콜레스테롤처럼 미끈거리지는 않는다. 사광의 영향을 받은 건지, 소질을 빼앗은 건지 글쟁이가 되었다. 아마도 한학자이셨던 할아버지와 아버지의 DNA를 물려받은 끼가 아닐까 싶다. 가끔 글쓰기가 어려우면 얼굴을 문지르는 버릇이 있다. 그럴 땐 창작통 부스러기가 눈처럼 떨어져 내린다. 매번 다른 갱도를 통해 창조의 광물을 채집해야 하니 어둠이 눈에 익힐 때까지 막막함에 몸서리를 치기도 한다. 다행스러운 것은 나의 문학 영역을 말없이 바라봐 주는 한 남자의 사려 깊은 응원이 있다는 거다. 내 생애에 가장 탁월

한 선택 중 하나라는 믿음을 준 남자. 가늠되지 않는 마음의 깊이가 느껴지는 남자다. 성실, 그것 하나로 어느덧 학교장이 되었다. 그저 고맙고 감사할 따름이다. 그런데 나는 아직도 막내 특유의 기질과 외로움을 다 떨쳐내지 못하고 있다.

Ⅲ

형제들이 늙어간다. 마치 계기판 없는 자동차를 운전하듯이 차가 얼마나 빨리 달리고, 연료가 얼마나 남았는지 알지 못한 채 달린다. 선두그룹은 칠십 중반이다. 막둥이인 나마저 오십 줄에 들어섰다. 용서하기 어려운 일도 용서하고 이해할 수 없는 일도 이해하고자 하는 나이가 되었다.

그렇게, 그렇게 나이 든 딸들이 모여 추억을 꺼내 놓는다. 사실 추억 꺼내기란 스쳐간 기억을 이성적으로 정리하여 넘어서려는 것이 아닌가. 경험으로 빚어진 몸이 무의식적으로 반응하는 것. 유전자 속에, 세포 속에 각인된 세월이 울컥울컥 올라오는 것. 그 추억을 나눠 먹으려 형제들이 모인다. 만나고 또 만난다. 그러면서 오늘을 살고 내일을 살아간다.

'아'하면 '어'하는 사이로 얽혀져간 이들. 한자리에 모이면 같이 있는 것만으로도 그냥 좋다. 형제들이란 세상에 대적할 힘이 후드득 꺾일 때마다 떠올릴 수 있는 존재들이다. 다른 시간,

다른 회로에 있는 저편의 기억을 불러일으키면서 힘을 주는 사람들이다. 때론 춘풍처럼 더러는 태풍처럼 불어와 마음을 건드리는 바람 같은 이들이다. 피를 나눴기에 더 따뜻하고 더 애틋한 관계들. 그 관계에는 좋은 감정 이상의 그 무엇이 촉촉하게 스미어 있다.

요즘 아이들이 걱정이다. 변화하는 가치관과 경제성의 이유로 젊은 부부들은 아이를 낳지 않으려고 한다. 형제가 없는 것이다. 생명을 탄생시키고 존중해야 하는 일은 자연 질서에 합치하는 인간의 가장 큰 의무이거늘 그것을 거스르려고 한다. 한때는 나라에서 경제부흥을 위하여 가족계획이란 미명아래 출산까지 제한했다. 그 정책으로 가족계획이 성공한 세계적인 나라가 되었다. 그러나 애재라. 지금은 인구증가율이 세계 최저라는 후유증을 앓고 있다. 앞으로 젊은이 한 명이 노인 서너 명을 부양해야 할 날이 머지않았다고 하는데….

어찌해야 할 건가. 젊은 부부들이여! 젊은이들이여!

(2010)

그믐달

형제들이 다 모였다. 일흔일곱 해 어머님의 생신을 이고 온 섣달 스무이렛날 바람이 차갑기만 하다. 손자들의 재잘거리는 소리에 어머님은 금방 넉넉한 표정이 된다. 그러나 먼 곳에 사는 막내 시동생이 도착하지 않아서인지 어머님의 눈언저리에는 초조함이 감돈다.

다른 자식들의 얘기를 귓전에 흘리며 자꾸만 대문간 쪽으로 눈 돌림을 하시는 어머님. 안방 벽 한가운데 덩그러니 매달린 뻐꾸기시계가 어머님의 가슴을 톡톡 쪼아댄다. 어디메쯤 오고 있을 아들의 발걸음 소리를 감지하려고 그렇게 두 귀를 세우시는 것일까. 막내아들에게 기우는 끈끈한 정이 기다림 속에 질펀하게 녹아 있다.

맨발로 뜨락을 뛰어 내려가는 어머님의 모습이 마음을 후빈다. 애를 달구던 시동생이 늦장가를 가던 날 나는 보았다. 가지 많은 나무에 바람 잘 날 없다고 했던가. 가난을 짊어지고 여섯 자식을 기르며 삭이지 못하고 태우지 못한 가슴속에 맺힌 응어리, 그 맺힘을 푸는 의식이었는지도 모른다.

처음 보는 어머니의 춤사위였다. 신경통을 앓는 아픈 다리를 하고서 두어 시간 동안을 한 번도 쉬지 않고 춤을 추셨다. 그 힘이 어디서 나오는 것인지 이마에는 땀이 꿀물처럼 윤을 내며 흘렀다. 누군가는 신춤 같다고도 했다. 신명이 나서 지치지도 않고, 뛰면 뛸수록 더 힘이 솟아나며, 불꽃이 온몸으로 활활 타오르는 듯한 춤. 광풍에 휘몰리는 수양버들 가지처럼 몸과 마음을 풀어내는 살풀이. 어머님은 그렇게 춤으로 응어리를 쏟아내셨다.

정들이며 살아온 십수 년을 돌아본다. 어지간한 일에는 말씀이 없으셨다. 냉정하리만치 경우가 바르고 생각이 깊은 모습을 많이 보여준 어머님이시다. 무심한 세월이 떠내려가며 파 놓은 깊은 골, 주름 잡힌 얼굴엔 검버섯만이 평화로이 피어난다.

오랜만에 만난 형제들은 어머님의 외로움을 저만치 물어다 놓는다. 차려 놓은 음식보다도 뵙고자 달려온 자식들이 고맙고 좋은 것이다. 저녁상을 물리기 바쁘게 술잔 위로 삶의 진미가 들고난다. 아이의 발가락에 번진 습진 이야기부터 시작해서 정치 이야기로 대단원의 막이 내릴 때까지 아픔과 슬픔, 기쁨과 행복이 오르락내리락 자지러진다.

밤 깊어 가는 줄 모르고 피어나던 이야기도 기운을 잃는다. 날이 새면 바쁘게 흩어져야 할 형편이기에 짧은 밤이 더욱 아쉽다. 자리가 바뀐 탓일까. 몇 번이나 뒤척이며 잠을 불러보건만 어디를 쏘다니는지 돌아올 줄 모른다. 칠흑 같은 어둠이 도리어 껌벅이는 내 눈을 들여다보며 덮친다. 여여한 정적 속에 홀로 표류된 느낌이다.

조용히 일어나 밖으로 나와 등을 켠다. 마당에 수북이 모여들어 모의 판을 벌이던 어둠이 기둥 뒤로, 향나무 뒤로, 집 모퉁이로 들킨 도둑처럼 숨어 버린다. 실오라기 하나 흘리지 않고 말끔하게 거두어 가며 시치미를 뗀다. 다 알고 있지만 모르는 척하는 내 속내를 알지 못하나 보다.

봄 날씨마냥 포근해도 역시 겨울 속이다. 오싹하니 한기가 들어 다시 방한복을 입고 나온다. 뜰을 거닌다. 그림자가 따라 걷는다. 서면 따라 선다. 그림자와 나는 가장 멀리 있는 것 같으면서도 가장 가까운 사이에서 쓸리며 컸다. 우리는 다정히 서서 아담하게 탑 모양을 이룬 향나무를 올려다본다. 겉으론 사람의 손길로 가득 멋을 부리고, 안으론 변함없는 향내를 깊이 간직한 채 검푸른 정기를 풍겨낸다. 낮에는 하늘을 우러르며 푸른 물을 들이고, 밤이면 무수한 별빛과 달빛을 마셔대며 향내를 만든다. 그 푸름과 향내는 마적 떼 같은 흉포한 바람 앞에서 힘겹게 견뎌 온 넋일지도 모른다.

그믐칠야 하늘엔 무수한 별들이 반짝인다. 검은색 벨벳외투에 흩뿌려 놓은 보석같이 아름답다. 둥글어서 풍요롭던 날들은 먼 기억 속으로 사라져가고, 몇 날 며칠을 고통 속에 이지러지더니 야윌 대로 야윈 그믐달이 초연히 떠 있다. 스무이레 그믐달은 내가 서 있는 이곳에까지 빛을 비추기에는 너무 약해졌다. 그냥 거기에 있다는 것만을 알아주기 바라는 작은 빛이 되고 말았다. 젊음의 패기가 있던 만월이었을 적에 그리도 많은 빛을 뿜어내더니 무엇을 위함이었을까. 하루가 다르게 힘이 몸 밖으로 빠져나가는 줄도 모르고 왜 그토록 뿜어냈을까. 이도 저도 아닌 환생을 기약한 공功이고 업業이 아니겠는가.

"쿨룩 쿨룩" 기침 소리가 난다. 어머님의 방에서 새어 나오는 소리다. 오랫동안 약을 드셨는데도 차도가 없는가 보다. 담배를 끊었으면 하는 바람이 있었지만 외로움을 쫓는 유일한 친구 같은 것일 텐데. 담배를 피우면서 가슴을 누르던 근심 걱정 하나 둘 떨쳐버리고 한숨도 비워냈을 텐데. 자식 네를 생각하며 서러움도 토해냈을 텐데.

저 하늘의 그믐달은 천상 어머님의 가냘픈 몸이다. 풍성한 정 거푸 퍼내 주기만을 고집하더니 쇠약해질 대로 쇠약해진 어머님의 체구다. 한참 동안 쳐다보노라니 그믐달이 얇은 미소로 변신을 하고 있지 않은가.

(1995)

덤

나는 덤인가 했더니 혹이었고 혹인가 했더니 덤이었다.

마흔하고도 넷의 중년 여인이 아기를 낳았다. 엄동설한에 그것도 딸을. 위로 내리 넷이나 되는 딸에 이어 또 딸을 낳은 것이다. 첫째와 둘째로 두 아들을 두고서도 저버리지 못한 아들에 대한 집착, 그것은 여인의 흔들림 없는 소망이었다.

중년 여인의 사주에는 아들이 둘밖에 없다고 했다. 그런데도 하나 더 갖고 싶은 욕망은 원하고 또 원하는 비손이 되었다. 외동이었던 남편의 외로움을 자식에게 넘겨주지 않으려는 지극정성이었다. 삼신三神 할멈은 감동을 받아 도리 없이 딸이라도 점지한 것 같다.

중년 여인은 아들이라는 예감에 사로잡혔다. 뒤늦은 수태, 여럿 딸들과 다르게 느껴지던 태동, 온 힘을 앗아가던 심한

입덧하며 유별스레 당기는 음식. 아들이리라는 확신은 꺼질 줄 모르는 불꽃이었다. 장차, 삼 형제 아들이 의좋게 살아갈 것을 그리며 흐뭇한 미소를 짓곤 했겠지.

원했던 아들이 아니라 정말로 원치 않았던 딸이었으니 어찌 했을까. 아무의 탓도 아닌데 누군가를 수없이 미워했고 원망했다 한다. 아무것도 모르고 태어난 어린 생명을 차라리 거두어 가기 바라며 냉기 어린 방 윗목으로 밀어놓기까지 했다는데.

희한하다. 중년 여인은 그 딸에게 정을 아끼지 않았다. 그릇을 깨뜨렸는데 혼을 내기는커녕 다친 데가 없나 걱정을 앞세웠다. 풍족하게 해주지 못해 안쓰럽고, 너무 어린 것이 그저 안타까웠다. 많이 먹으라는 말을 건네며 아픔과 슬픔조차 유쾌하게 말할 수 있는 힘을 가지기 바랐다. 그랬기에 무엇이든 바라기만 하면 가능한 알라딘의 요술램프가 되어 불을 켰다. 측은해서 그랬을까. 아니면 그래야만 하고 그래야만 할 것 같은 속죄 때문이었을까.

정이 쏟아졌다. 덕분에 나는 밥보다는 정을 더 많이 먹고 자랐다. 그런 만큼 중년 여인의 기대치에는 다다르지 못했다. 하지만 자라남의 과정은 거기에서 그치지 않고 삶의 높이와 두터움에 크게 작용하였다. 말없이 보여 주었던 중년 여인의 모습들은 내 자신에게 놀랄 만큼 나의 것이 되어 갔다.

덤은 체언이나 부사 뒤에 붙는 조사처럼 홀로 서지 못한다. 가까이 붙어 있어야 한몫을 한다. '더불어'이며 '같이'이고 '함께'하는 것이 덤이다. 어머니 곁에 머무르고 있었을 때 내가 덤이 될 수 있었듯이 살아가면서 꼭 지키려 하는 약속들과 꿈도 삶에 얹어진 덤이 된다.

삶을 그릇에 담아 잴 수는 없다. 하지만 주어진 삶이 두 되짜리라고 생각된다면 덤이 있으므로 해서 두 되 가웃까지 담을 수 있는 됫박으로 살아난다. 덤이 있느냐 없느냐에 따라 분명한 차이가 생기는 것이다.

덤이라는 것은 무엇이 되어 살았든 전생의 삶이 빚어낸 선물이다. 플러스알파이며, 할당량에 얹어지는 보너스이자 선심이다. 사실 우리들은 삶의 바탕 위에 뿌려진 덤의 힘으로 살아가는지도 모른다. 다만 그것이 덤인지를 모를 따름이다.

일상 속의 덤을 찾아본다. 없어도 되지만 있으면 좋은 것. 좋은 일 위에 더하여지는 기쁨이고, 편안함 속에 감춰진 넉넉함이 아닐까. 언젠가는 되갚아야 하는 즐거운 빚이다. 이미 이루어낸 힘의 값어치가 아니라 아직 드러나지 않았지만 안에서 길러지고 있는 재능일 테고, 인정받지 않은 숨은 역량일 것이다.

덤으로 받는 것 중에는 독이 되는 것도 있다. 대물림되는 재물이 그러하다. 부모 덕에 부자가 되었으면 그것 또한 덤은 덤이다. 불로소득이 몰고 온 몹쓸 병폐 중의 하나로 거저 얻은 것이라 쓰임도 헤프다. 아들은 그 아들의 아들에게까지 물려준다. 일의 도리나 질서를 무너뜨리며 유별한 그들만의 경로를 만들면서 말이다. 어찌 보면 권력의 물림보다 무섭고 철저

하다. 원칙도 없이 행해지는 재화의 대물림. 대물림되는 사이사이에 탐욕도 덩달아 더께처럼 켜를 이루기도 한다.

삶에는 우리가 모르고 있는 덤이 배달되지 않은 소화물처럼 빽빽이 쌓여 있다. 마음 안에서부터 생각 밖까지 널브러져 있는 것이 덤이다. 어려운 형편에 처했다가 벗어났거나, 참혹한 상황에서 가까스로 구출되었을 때, 불치의 병에서 회복되었을 때, 남아 있는 삶은 분명 덤 중에 덤이다. 마치 책 속에서 나를 겨냥한 듯한 구절을 발견하여 밑줄을 긋는 것같이, 불행 속에서 건져올린 행운으로 여기며 생生의 들메끈을 고쳐 맨다. 고마운 마음으로 다시금, 너그러운 가슴으로 새롭게 출발한다.

종심從心이 되면 세상에 온 이유나 좀더 알았으면 하는 나이라고 한다. 그 주제가 벅차다면 앞으로 해야 할 일이 무엇인가라도 알고 싶어한다는데…. 대부분 사람들은 자신이 가진 덤은 생각하지 않고 늘 부족하다며 바쁘게 산다. 일흔을 넘긴 노인이 그 모습을 보고 한숨을 내쉰다면 몇이나 되는 젊은이가 공감을 할까.

나는 쓸쓸하거나 화가 날 때 일부러 어머니의 이야기를 마음속으로 불러들인다. 내 나이 마흔 하고도 넷. 이젠 덤이 되고 싶어도 될 수 없고 혹이 되고 싶어도 될 수 없기에 더욱 그런지도 모른다.

나는 덤인가 했더니 혹이었고 혹인가 했더니 덤이었다.

(2000)

근根

성난 듯 도드라졌다. 왼손, 엄지손가락 위 손목에는 유독 솟아올랐다. 팔꿈치 안쪽에서도 푸른 빛을 선명하게 드러낸 핏대가 도도하게 불거졌다. 노폐한 피를 심장으로 보내는 혈맥이다. 지긋이 눌러본다. 손가락 끝에 아버지의 심장박동 소리가 명징하게 와 닿는다.

혈이 행진한다. 심장 북소리에 맞춰 맥을 관통하여 진군한다. 두 박자인지, 네 박자인지 단조로운 리듬이지만 대오를 지어 행군을 한다. 사통팔달로 뻗어 있는 길을 따른 행렬이 끝없다. 대동맥에서부터 실낱같은 모세혈관에 이르기까지 줄기차게 이어진다. 핏돌은 멋음 없이 피어가며 충성과 열기를 다 바친다. 질기고 차진 기운으로 생명을 잇는다. 긴장감이 팽팽하게 살아난다.

온몸으로 뻗어 있는 순환기. 根의 형상이다. 근본과 타고난 성질이 활기차게 흐른다. 적재적소에 맞는 영양분을 공급해주고, 낡아 쓸모없는 물질은 배설기관으로 밀쳐낸다. 정적인 사물 안에 잠재되어 있는 동적인 에너지가 분출된다. 무섭도록, 살아나가려는 본성이 강렬하게 꿈틀거린다.

흐른다. 흐른다. 꿈틀거리며 흐른다. 상상의 배에 몸을 싣고 따라 흐른다. 은색의 연어가 강을 거슬러 오른다. 귀향을 꿈꾸며 산란을 위한 눈물겨운 여정에 질긴 명줄이 서렸다. 고요에 가까운 헤엄으로 속도를 낸다. 그 유영을 배우지 않고서는 속도전에서 살아남지 못한다. 세상을 거슬러 오르려는 정신적인 지느러미의 힘이 없다면 물살을 가를 수도 없다. 성스러울 정도로 아늑한 고향에 대한 집착, 유영의 원동력이다.

굳이 태어난 곳을 고집하는 것은 무엇일까. 어머니와 아버지의 강이기 때문이다. 부화하여 자랄 새끼가 배워 가슴에 심어야 할 무엇이 있는 까닭이다. 그곳이 초가삼간이면 어떻고, 누더기 이부자리에 흙냄새 풍기는 골방인들 어떨까. 나를 심어 뿌리를 내리려는 몸부림으로 연어는 고향을 찾는다.

사람은 생후 열 달이 되면 걸음마를 한다. 누가 시키지 않아도 넘어지는 위태로움을 무릅쓰고 한 발 한 발 불안하게 떼어놓는다. 그 모습은 숭고하기까지 하다. 세발자전거를 타던 아이들은 위험마저 아랑곳없이 두 발 자전거를 탄다. 얼굴이 찢기고 무릎이 깨져도 기를 쓰며 타려한다. 나를 알아가는 깨달음의 과정이다. 릴레이 경주에서 배턴을 이어주는 것처럼 넘겨주고 물려주면서 이어받는 뿌리내림이다. 조상 대대로 내려온 혈통의 지킴이다. 아무리 부박하고 보잘것없는 것이 삶이라 해도 뿌리는 그렇게 뻗어간다.

뿌리가 있는 고향을 향한 마음. 계절이 바뀌어도 달만 밝아도 예외 없이 그 바람은 분다. 아니, 그것은 바람이 아니라 본능이다. 누구든 그럴 것이다. 감정의 분출이 과도해지는 것은 진하게 울려오는 연서 같은 끌림이 있어서다. 그래서인지 노스탤지어는 아직도 닳지 않은 끈으로 우리를 인도한다.

유전은 내림굿이다. 아버지의 위치가 되면서, 아버지의 모습을 시나브로 닮아가는 것이 그렇다. 서로 밀치고 싸우며 세월에 뒹군 우애의 영역도 발견한다. 아버지, 어머니처럼 형제들은 각자의 삶에서 서로에게 연어가 된다. 자연의 본성으로 뿌리를 뻗어가듯이 사람들이 저절로 배우게 되는 것들이다.

미국의 흑인작가 알렉스 헤일리는 ≪뿌리≫를 썼다. 서아프리카의 감비아에서 노예로 팔려 미국에 온 쿤타킨테와 자손의 삶을 묘사한 장대한 이야기다. 자신의 조상을 추적하여 뿌리를 찾는 혈기. 혹독하면서도 끈끈하고, 꼿꼿한가 하면 준열하고, 고귀하고도 옹골차다. '나'의 근원을 찾으려는 일념만이 가득 차 넘친다. 눈에 잡히지도 않고, 손에 쥐어지지 않는 무엇인가를 얻으려고 그들은 형극의 길을 걷는다. 기억을 호흡보호기처럼 달고 살아가면서 시원始原에 대해 갈망한다. 그들은 검다.

검은 것이 '어떻게' 빛을 내는지 끝까지 추적하여 '어떻게'를 풀어내던 쿤타킨테와 가계. 하늘과 땅은 물론, 작은 영광과 큰 상처가 함께 그들을 비추고 있기에 훈훈하고 환하다. 평면으로 여겨왔던 혈맥이 돌연, 생기 있고 의미심장한 구석을 마련한다.

뿌리는 드러나지 않는다. 땅속 어둠을 먹고 산다. 그래도 검은 어둠에 물들지 않고 늘 희디흼을 고수한다. 아무리 고달파도 마디를 내지 않으며 엉키지도 않는다. 곧은 뿌리의 주근主根은 디딤몫이 되기 위해 곁뿌리를 내릴 뿐이다. 곁뿌리는 갈라지고 갈라져 하나의 근계根系를 이룬다. 질서 있는 힘의 확장이다.

그 힘이 땅을 헤집고 파들어 간다. 아래로, 아래로 뻗어가는 근根. 빛을 좇는 야망은 없다. 버티어내는 뚝심 하나만이 충직하고 끈질기다. 오로지 줄기와 잎을 위해 흔들림 없는 희생을 불태운다. 노동의 고단함과 사랑의 소중함을 함께 담는다. 숨은 아름다움의 이치가 뿌리에 있다.

왼손을 아주 편하게 탁자 위에 올려놓는다. 엄지손가락 위 손목에서 뿌리의 맥이 뛰고 있다. 그 모양이 마치 삐친 아이가 씰룩거리는 것 같다. 귀띔이다. 여름날의 오후 낮잠을 여지없이 흔들어 깨우는 자명종 소리다. 가슴을 으스러지도록 치는 북소리의 울림이다.

근根에는 피가 흐른다. 그 뿌리에서 아버지의 심장소리를 듣는다.

(2001)

마샤 스튜어트, 이효재

남편이 며칠에 걸친 단기연수를 떠났다. 홀가분한 시간과 놀아나다 초라한 저녁을 먹고, 혼자 있기 좋아하는 고양이 특유의 게으름을 피우며, 소파에 반쯤 누워 TV를 켠다. 화면이 살아나는 순간 반사적으로 몸을 일으킨다. 여학교를 함께 다닌 고향 친구의 이야기가 방영되는 것이 아닌가. 한복 디자이너이자 살림의 귀재로 소문이 파다한 '효재'가 이사를 하고 있다.

친구들로부터 얘기만 들었을 뿐 TV를 통해 보는 것은 처음이다. 화장기 없는 얼굴에 생머리 끝자락을 슬쩍 묶어 오른쪽 어깨 위에 얹은 모습이 단아하다. 까만 교복에 하얀 깃 단, 깔끔하고 단정했던 옛 모습이 얼비친다. 25년을 떠나왔으면서도 어쩌면 소녀일 적 모습을 그대로 유지했을까. 낮고 조용한 목소리가 촉촉하게 젖어든다. 앉음새도 여전히 다소곳하다.

효재야, 환하구나 네 빛이.

단정하듯 차분하고, 무던하듯 수수하고, 깊은 듯 조용한 빛을 발한다, 네가.

아이디어라는 것은 번쩍하는 순간 시선이 닿지 않으면 끝내 보지 못하지. 작은 불씨 같아서 여간 조심해서 살려내지 않으면 쉽게 꺼지고 말아. 그런데 너는 그 아이디어를 족집게로 집어내듯 하는구나. 네 손길만 갖다 대면 보자기가 명품 가방이 되네. 보자기가 가지는 무작위無作爲, 그 무작위 속의 아름다움. 손끝에 담긴 사랑과 정성과 기술이 함께하기에 자투리 천들조차 생명력을 얻어 명작이 된다. 네 능력이다. 네 안에 숨어 있는 능력이 불가능해 보이는 일을 하도록 권하고 부추기고 떠밀기까지 하나 봐. 너는 그것이 빛이 나도록 매만지고 묶는 일을 수없이 반복한다.

반복은 사람의 손을 신의 손으로 만들기도 하지. 한석봉의 어머니는 눈을 감고도 자로 잰 듯 떡을 썰었고, 베토벤은 귀가 멀어도 피아노 건반 위에서 영혼의 소리를 냈잖아. 네 손길에서도 작은 세상들이 만들어진다. 반짝이는 생각이 거듭되는 동안 힘이 쌓이고 노련해지면서 거룩한 세계에 당도한 것이겠지.

대작의 한복과 크고 작은 소품들. 거꾸로 가보고 남 안 하는 거 해 보려는 네 생각들이 피워낸 보석들이다. 불순물을 제거한 액체와 같다 할까. 정갈함과 담백함, 차분함과 부드러움을 안겨주는 네 솜씨는 오리엔탈리즘과 오리엔탈리즘, 그리고 오리엔탈리즘이다.

작은 것을 소중히 여기는 마음이 겸손함으로 이어지는구나. 삶에는 여자의 내부처럼 함부로 열어보지 말아야 할 것들이 있음을 조용히 전해준다. 드러내는 것보다 가리는 것이 더 예쁜 것임을 은근히 보여주네. 움직임보다는 쉼 같은 너.

그래서 너를 아는 사람들이 너처럼 살고 싶다고 하는가 보다.

효재야, 예쁘구나 네 빛이.

우리 고향이 쏘아올린 별이 되어 빛을 낸다, 네가.

엄마한테 배운 대로 하나의 음식에도 온 정성을 쏟는구나. 준비하고 만들고 담아내고 싸는 것까지 정갈하게 정성을 다한다. 시루에서 쪄낸 떡을 한지에 싸고 그것을 다시 하얀 천에 곱게 싸서 이웃에게 돌리더구나. 이사 떡은 이웃과 너를 기쁘고 즐겁게 해 주는 것에 머물지 않고 하나로 엮어주는 끈이 되고 있더라. 이웃에 대한 존중의 표시, 가까이에 좋은 이웃이 있다는 것이 얼마나 중요한지를 알리는 방식이다.

이웃과 벗하려는 네 모습이 정말 예쁘다. 퍼 줄수록 정을 두텁게 하는 것이 음식이라잖아. 사람들의 입맛에 맞추느라 고추는 맵지 않게 되고 씀바귀는 쓰지 않게 되어가는 세상인데, 네가 왜 고추는 매워야 하고 씀바귀는 써야 하는 이치를 일깨워준다.

이삿날, 짐이 도착하기 전이었나 봐. 미리 찾아온 지인들에게 연밥을 지어 나눠주며 원추리 이파리를 나무젓가락 받침으로 대용하더구나. 상큼한 센스가 물 한 방울 튕긴다. 짐꾼들을 위해 시루에 솔가지를 얹고 돼지 삼겹살을 쪄내어 대접하는 모습에서 네 생각을 보았지. 우리들의 엄마를 보았어. 생각이 삶을 만들어가듯 엄마들의 삶 자체가 오만하지 않았잖아. 그러니까 감, 콩, 고구마, 감자를 걷을 때 까치밥을 남겨두고 두더지 몫도 남겨 놓았지. 그것은 완전하지 않고, 어딘가 모자라고, 누구한테든지 심지어 날짐승한테까지 자기를 숙이는 심성으로 살았다는 얘기야.

그렇듯 함부로 살지 않는 네가 정말 예쁘다.

효재야, 멋있구나 네 빛이.

눈을 감게 하는 강렬함이 아니라 마음에 스며드는 은은하고 부드러운 빛으로 반짝거린다, 네가.

자연은 작으면 작은 대로, 모자라면 모자란 대로 타고난 역량과 아름다움을 최대한으로 발산하지. 그것이 사람들을 향해 무한히 비춰준다는 것을 너는 진작에 알고 있었네. 그래서 마당 하나 가득 자연을 들여다 놓고서 오가는 이들을 즐겁게 해주는구나.

너는 켜켜이 쌓여 단단해져 버린 옛날을 갈아엎는다. 그리고는 숨구멍을 뚫고 그 안에 잠들어 있던 물건들이 기지개를 켜고 일어나 살아나도록 하네. 쓰지 않는 큰 항아리를 엎어

보를 씌워 테이블을 만들고, 길쭉하니 작은 항아리는 엎어서 의자로 쓴다. 금방 쉼터 하나가 생기더구나. 재치가 앙증맞기 그지없다.

아무것도 없는 집인 것 같은데 없는 것이 없구나. 소박하면서도 눈길을 사로잡는 것들이 무수하다. 아기자기. 네 집 곳곳에 바람이 불어왔다가는 머물고 쌓이고 흐르고 있다. 너만의 에덴동산에 따사로운 정서가 펼쳐져 있다고 친절하게 속삭여 주면서 말이야. 노는 햇볕에 살림살이를 널 줄 아는 너. 살림이란 맛을 알고 있는 너. 카메라 앵글에 비친 네 집 구석구석이 호강에 겨워 매화타령이다.

사람은 사람을 통해 배우고 채워지고 바뀐다. 너는 손끝에, 시선에, 사랑과 정성을 담아 평범한 일상을 아름답게 꾸미고 있다. 진정한 살림꾼이야. 그래서 사람들은 네 살림살이를 따라하고 싶어하는 모양이다.

혼자서 하는 헛소리가 아니다. 벗들과 네 집에 모여 아름다운 추억을 사고, 오래된 기억을 건네받고 싶다. 훈훈해진 공기만큼이나 이야기가 백화난만하게 이어지면 그 속에서 전해지는 깨달음의 무게가 녹록지 않을 것이야.

마샤 스튜어트가 미국을 대표하는 살림의 여왕이라면 효재야 너는, 우리나라를 대표하는 살림의 귀재다. 지금 너는 네가 가장 잘 알고 있는 지천명의 공기空氣를 포착하고 있다. 네 살림살이는 명상이야. 조용한 공간에 들어가 눈을 감고 바른 자세를 취해야만 명상인가, 어디. 마음의 순수를 찾으려는 노력이 명상인 만큼 길을 걷거나, 일에 매달리거나, 사람들과 대화를 할 때도 얼마든지 가능한 것처럼 네 살림살이는 명상이다. 이 생각에서 저 생각으로 넘어가기 전 빈 공간에 잠시 머묾 같은 것이랄까. 서두름 없이 모든 것을 순한 방향으로 이끌어 간다. 그래서 솔바람인 양 편안하다.

반가운 친구여,

소중한 친구 효재여,

"팍, 팍, 팍, 살림의 귀재로 영 · 원 · 하 · 라!"

(2008)

중국의 그랜드캐니언

천태산과 아이들

티핑포인트

석남사의 가을

미안하다 사랑한다

그 소리는

고독

서리꽃

중국의 그랜드캐니언

흑잿빛을 띤 바위기둥들이 빌딩 숲처럼 규연하다. 옛 산수화에서 봄 직했거나 상상의 나라에 있음 직한 기암절벽의 돌봉우리들이다. 그 실체들이 지금 눈앞에 펼쳐져 있다.

웅장하고 기이한 산세, 놀랍고 경이로운 풍취에 숨이 멎는다. 탄성<탄성<탄성. 쏟아낸 찬탄의 잔해가 골골이 낭자하다. 바위기둥들은 쉴새없이 지르는 인간들의 감탄소리에 부끄러워서인지 시끄러워서인지 구름자락에 몸을 숨긴다. 그 광경이 더욱 운치 있는 것을 어찌할꼬.

바위틈마다 위태롭게 서 있는 애솔들이 한층 더 멋스러운 자태를 자아낸다. 앙증맞은 것이 춤추는 발레리나의 모습을 흘린다. 언뜻 보니 초록빛 털보송이 숄을 두른 듯 물기 촉촉한 검정과 산뜻한 초록의 조화가 만고절색이다. 봉우리의 허리에 피어난 야생초들은 천 길 낭떠러지에도 겁 하나 없이 태연자약, 모춘을 즐긴다. 과연 신령이 가꾸어낸 분재화원이다. 문득, 봉우리 끝에 흰 수염 인자한 얼굴이 웃고 있다.

천자산 원가계다. 산 아래서 볼 땐 땅속에서 솟아오른 수많은 군상들이 운집해 있는 형세였다. 절벽에 설치된 엘리베이터를 타고 산 위로 올라 살피니 봉우리마다 사연들이 애틋하다. 전쟁에서 패한 황제가 쓰던 붓을 하늘에 던졌는데 그 붓이 떨어져 땅에 꽂혔다는 '어필봉' 군락, 아름다운 경치에 혼몽하여 정신을 잃게 된다는 '미혼대'가 실화인 양 보인다. 케이블카를 타고 가로질러 내려오던 중 가까이 대하자, 하나하나 쌓아 올려 조형해낸 신선의 작품임이 드러난다. 수직으로 깎아질러 서 있는 봉우리들은 필경 수천만 년을 지켜온 선경이요 선계다.

친구는 나와 더불어 행복한 순간순간을 엮는다. 눈은 황홀하고, 가슴은 뛰고, 벅찬 풍광에 도취되어 꿈속을 날고 있는 얼굴이다. 지리멸렬한 중년의 일상에서 활력 찾기, 교향곡으로 바뀐 그녀의 신음조차 더할 나위 없이 건강하다.

산자수명한 절경에 압도 되어서일까. 아니 기쁘게 중독되어서이다. 가쁜 숨소리 사이로 새어나오는 찬미야말로 비경에 대한 존중이 아니면 무엇이랴. 세상과 뒤섞이면서 소박한 즐거움에 만족하고, 하찮은 노여움을 잠재우고, 천박한 욕망을 멀리하면서 살아왔다면 산천경개 덕분이다. 이 나라 사람도 아니고, 우리 것이라는 자부심도 없는데 왜 이다지 눈물겨운가.

천자산의 영상들을 채 정리하기도 전, 천문산으로부터 정중한 초대를 받는다. 가슴을 활짝 열 모양이다. 비가 오면 저버리기로 한 약속이었는데 천만다행이다. 맑은 하늘에 감사한다. 설렘과 기대로 무장을 하고 나선다. 보잘것없는 연생이이지만 떨리는 마음을 그 가슴에 꼬옥 안겨보리라.

버스를 타고 두세 시간을 달려 왔을까. 예사롭지 않은 모양새의 덩치 큰 산이 멀리 보인다. 가례예식이라도 치를 요량이었나 보다. 시내에서부터 케이블카에 태워 삼십 분이 넘도록 동네를 지나고, 들을 지나고, 토가족의 생활사를 한눈에 보여주더니 성 같은 산속으로 유입을 허락한다. 끝도 없이 이어지는 풍경. 사방팔방으로 늘어선 봉우리들. 점점 커지면서 기운차게 뻗치는 강력한 힘을 뿜어낸다. 나는 극터듬 듯 마음을 졸였으나 흔들거리는 케이블카의 스릴을 만끽하는 되바라진 새악시가 된다.

구름 위로 솟아 있는 1,518미터의 키. 사방이 모두 깎아지른 절벽이며, 창공을 찌르고도 의연한 기세가 자못 장엄하다. 숭고한 천문 영봉에서 유래된 내막 또한 심오하다. 아무리 무지렁이라 해도 천문산의 강호지락에서는 산수화 속을 거니는 신선이 되고 만다. 수많은 귀족과 관료들의 추앙이 있었다면 그것을 어찌 허황되다 할까. 당연한 숭상이며 엄연한 예의다.

처녀원시림을 고스란히 보유하고 있는 정상에 선다. 모든 것이 발아래다. 까마득한 협곡의 절벽에 놓여 있는 오솔길로 향한다. '귀골잠도'. 난간이 보호해 준다는 안정감을 지니기는 하지만 절벽에 걸쳐진 외길이다. 걸음걸음마다 오금이 절리고 머리끝이 쭈뼛거린다. 아 아!–

'통천대도'가 또다시 우리를 흔들어댄다. 하늘로 통하는 길이라! 만리장성이 흑룡의 승천을 연출했다면 통천대도는 영락없는 백룡의 용틀임이다. 아흔아홉 번을 휘청 휘~청 휘어지고 아흔아홉 번이나 굽이 굽–이 굽어졌다. 그 길 끝에 닿는다. 천 미터의 절벽에 아슬아슬 동굴이 걸려 있다. 황실에서 사용하던 최고의 숫자가 아홉이라더니 우러러 기리고자 함인가. 다시 구백구십구 개의 계단을 억지 섞인 맞춤으로 동굴에까지 이어놓았다.

너무나 인위적이다. 그러나 개의치 않기로 한다. 동굴을 통해 쏟아져 들어오는 환한 빛이 있지 않은가. 구름도 넘나든다. 홀연히 절벽이 뚫리면서 하늘로 통하는 문이 열리고, 호방한 지세마저 천하기경이니 무엇인들 탓하리.

연전에 다녀온 미국의 그랜드캐니언이 오버랩된다. 나는 그랜드캐니언을 두고 화려한 아름다움을 지닌 마신이 창조한 걸작이라며 고조된 목소리를 낸 적이 있다. 천자산과 천문산은 성스러운 하얀 신선이 가꿔낸 정원이다. 푸른 이끼와 야생넝쿨이 엉키고 절벽과 나무들이 어울리며 견고함과 부드러움이 조화를 이루는 까닭이다. 그 정원에 무엇이 있는가하여 눈 밝혀 들어간다면, 장대한 기골과 단애의 신비로움에 진탕 빠진

취객이 될 것이다. 여차하면 즐거운 익사에 비명 같은 찬사만이 무성할 뿐이다. 진정한 장가계의 혼이요 신성한 산으로서의 성지인 천자산과 천문산이야말로 정녕코 중국의 그랜드캐니언이다.

나는 누구에겐가 발그레 상기된 얼굴로 벅찬 기쁨을 안겨준 장가계에 대해 얘기할 것이 분명하다. 소녀 시절이란 없을 것 같은 억척아줌마가 여학생 때 좋아했던 선배 얘기를 할 때처럼, 중년의 아들이 나이 지긋해서야 처음으로 가족여행을 간 아버지를 회상하면서 아버지가 가졌던 행복감을 묘사하려 애쓸 때처럼, 얘기하고 싶어 몸살이 날지도 모른다. 아마도 그 목소리는 감미로워 따사롭게 듣는 이를 감쌀 것이다.

이별의 아쉬움을 꺽꺽 삼키며 케이블카를 탄다. 등 돌려 얼마나 왔을까. 뒤돌아보니 천문산이 엉거주춤 따라 나온다. 그렁그렁 눈물을 달고 있다. 외면을 하고 눈도 감아보지만 또 한 발 성큼 다가온다.

어떡하라고!

(2008)

천태산과 아이들

순하디 순하다.
야하디 야하다
험하디 험하다.
어질디 어질다.

천태산의 첫인상이다. 마음속 화폭으로 옮겨 보니, 힘들고 바쁘게 살아가는 도시인들의 생활상 같은 풍경화가 들앉는다. 내면의 상처를 무겁게 가라앉히는 정물화의 윤곽도 보인다. 생명과 성에 대한 갈망이 살아 있는 누드화까지 얼비친다. 아니, 그 셋을 뭉뚱그려 담아놓은 한 폭의 그림이다.

어린 티가 나는 것 같은데 성숙한 느낌이 들고 부드러우면서도 당차다. 순진한가 하면 야성미가 보이고, 남성스러운 듯 힘이 넘치는 산처녀라면 어울리겠다. 먼 곳을 바라보며 참선을 하는 석탑 하나 품지 않았다. 서기瑞氣를 휘감은 돌봉우리가 있을 뿐이다. 714.9미터의 키. 과히 높지도 낮지도 않은 것이 마음 전부 얹힐 수 있는 산세다.

여유롭게 난 길을 따라 오른다. 갑자기 구부러지더니 휘돌렸다가 막힌다. 뚫렸다가는 다시 막힌다. 양쪽으로 깎아지른 바윗덩이가 길을 터주지 않는다. '나를 타고 오르라.'는 바위의 내심을 사람들은 용케도 눈치챘다. 밧줄을 걸쳐놓았다. 20미터가량을 밧줄에 의존해야 오를 수 있는 곳이 군데군데 복병처럼 설치돼 있다. 스릴 만점에 소름이 돋는다.

유달리 정감이 가는 것은 충북의 설악이라 불리는 까닭이리라. 아니면 '영동'이라는 고향 근교에 위치하여 더해지는 끌림 때문일 수도 있다. 어쩌면 삼십 년 만에 만나는 어릴 적 친구들의 모임이 겹쳐서 더욱 그런지도 모른다.

우정은 산길이라 했다. 꼬부라져서 더 친근감이 느껴지는 길. 오고 가고 하지 않으면 없어지는 산길. 오고 가고 해야만 아름다워지는 길. 따스한 우정에 가슴이 벅차도록 뜨거워진다.

오지 못해 약올라하며 타는 속마음이 탄로날까 봐 태연한 척했던 아이가 왔다. 꿈속에서나 고향의 초자연도 먹고, 천태산의 봄도 마실 거라고 하더니 끝내 못 참고 달려온 아이도 있다. 바람이 술에 취해 한바탕 불면 춤추는 천태산의 소나무가 될 거라던 아이도 보인다. 미녀이거나 터프가이를 넘어 툭

치면 저절로 쏟아질 것같이 격의 없고 부담 없는 아이들. 그들이 모였다. 천태산 정상에서 삼십여 년을 만나지 못했던 아이들의 해후가 이루어진 것이다.

폭죽놀이 광경 그대로다. 인디언인 양 알 수 없는 소리를 지르며 환호하고 악수하고 부둥켜안는다. 왁자지껄한 소리에 소나무가 움찔하며 솔내음을 물씬 풍긴다. 진달래가 화들짝 흐드러지게 핀다. 온 산으로 번진다. 어떤 마음을 지녔기에 그렇게도 은은할까, 솔향기. 무슨 말들을 나누기에 그토록 화사한 얼굴일까, 연분홍빛 진달래.

가슴을 활짝 열고 한껏 들이켠다. 배가 부르도록 퍼마신다. 매연이라고는 모르는 깨끗한 솔잎이 '靑!'하고 소리를 지르는 것 같다. 누구든 껴안을 듯 팔을 벌리고 서 있는 소나무들이 땡볕의 고문에도, 눈보라의 채찍에도 아랑곳하지 않고 절개 하나 기상 하나 품어 안는다. 때로는 바다의 파도소리를, 더러는 달밤의 대피리 소리를 내며 심신을 달래던 소나무가 아닌가. 그 곧고 푸른 것이 정신이라면 나무에 깃들고 싶다. 깃들어 심장소리를 듣고 싶다. 소나무 아래로는 다정하게 진달래가 어여쁘다. 진하지도 화려하지도 않은 연분홍 꽃잎이 수줍게 웃는다. 매화처럼 단아하지 않고 개나리처럼 화사하지도 못하다. 목련의 우아함에는 견줄 수조차 없다. 하지만 참꽃다운 연분홍빛 산사태는 환희의 물결로 일렁인다. 그것이 마음이라면 진달래에 물들고 싶다. 물들어 세상을 어여삐 안아보고 싶다.

삼십여 년 세월은 아이들을 중후하게 잘도 빚어 놓았다. 산 아래 통나무집에서 만찬이 열리자, 모두가 나이를 거꾸로 거스르는 불로초주를 한 잔씩 들이켜자는 심사들이다. 표정이나 몸짓에 걸쳤던 진지함이나 엄숙함은 훌훌 벗어버린다. 가볍기에 다가가고 싶은 어린아이가 된다. 참을 수 없는 유쾌함이 터져나온다. 만나지 못해 높아졌던 벽이 와르르 무너져내린다. 추억의 기차는 기적소리를 내고, 더얼컹 덜컹 바퀴의 울림은 출발의 설렘으로 가득하다. 끈끈한 정을 싣고 달리는 타임머신.

곤히 잠들었던 이야기들이 깨어나 아우성친다. 그 이야기들이 동심의 나라에서 끝도 없이 밀려온다. 요즘 아이들이 즐기는 서바이벌 게임만큼이나 인기가 높았던 우리들의 '서리' 이야기도 꼽사리를 붙는다. 참외, 수박, 복숭아, 포도…. 춥고 배고팠던 유년의 기억이 병이 될 법도 한데 되레 힘이 되는가 보다. 흔하게 듣던 빤한 이야기가 즐거이 들리는 것은 오래오래 내려온 동화의 마력일 게다. 엊그제 일보다도 어릴 때의 일들이 더욱 고화질 영상으로 각인되는 것 또한, 동기라는 단어에 실린 묘한 힘이 끌어당겨서이다. 아이들은 잔칫상을 구수한 입담으로 신나게 차려낸다. 기관단총처럼 터져나오는 웃음꽃들이 피고 지고 널브러진다. 먼 과거 속의 기억들이 잠에서 깨어나면서 현재로 되살아난다.

가난의 혹한 속일지라도, 메마른 땅의 그늘 한 자락 없는 곳일지라도, 어린 시절을 키워낸 곳은 생애 중 가장 그리운 공간이자 장소이다. 하고많은 산 중에 천태산이 기억의 곳간에 자리를 튼 것도 어릴 적 친구들이 몰려와 뒹굴어서다. 순한 듯 강하고 약한 듯 어진 천태산의 소나무와 진달래가 되어가면서.

(2002)

티핑포인트

티핑포인트.
+1의 힘.

'1'의 존재란 무엇일까.

일천 중의 일, 일백 중의 일. 그 하찮음이란 면목은 고사하고 드러낼 체면조차 없는 비솟거리에 격 맞는 차림새다. 뽑힌 깃털 한 개만큼이나 미미한 가벼움을 견장처럼 달고 있다. 기대할 기미는커녕 있는 둥 마는 둥, 아쉬울 것 없는 미약함을 지닌다. 지극히 작은 숫자에 불과하다.

그러나.

'1'은 언제나 처음으로 하는 출발선이다. 지금까지 있은 적이 없는 새로움이고 마음이 들떠서 두근거리는 설렘이다. 싱

싱하고 깨끗함이 감돌기도 하고, 좋은 일이 오기를 기대하는 희망, 그 자체로 우뚝 서기도 한다. 그래서인지 몰라도 그리스도는 잃은 한 마리 양을 찾아 헤매었다. 아흔아홉 섬을 가진 부자는 한 섬의 곡식을 탐낸다. 1점으로 인하여 합격선에 들어선 수험생이라면 그 크기를 얼마로 간주하겠는가. 단순히 기분을 매끄럽게 하는 기름기가 아니라 숨을 불어넣어 생동하는 힘으로 작용한다.

하찮고 가볍고 미약한 '1'이 채워지지 않는다면 결코 일백도, 일천도 되지 못한다. 자릿수도 세 자리나, 네 자리는 어림없는 소리다. 작고 보잘것없는 '1' 때문에 영영 99로, 999로 머무는 미완성이 되고 만다. 함량미달의 불량품으로 취급받는다.

'플러스 1'의 힘은 가히 폭발적이다. 양은냄비 안에서 끓고 있는 물을 보라. 물방울들은 솟아오르기 위해 고조되는 흥분을 99℃까지 참아낸다. 1℃가 플러스되면서 100℃의 함성을 터트린다. 불과 1도의 차이가 빚어내는 극적인 파노라마. 그 순간에 들끓는 힘의 움직임.

세차게 끓어대는 물방울들은 디스코텍에서 북적대는 춤의 움직임이다. 도랑에서 잡혀온 미꾸라지 떼가 함지박에 갇힌 채 거품이 일도록 바글거리는 형상이다. 한두 사람에게서 시작된 말이 입을 타고 일시에 퍼져가는 소문의 소릿결처럼 보인다. 정신과 감각을 한껏 품은 글의 에너지가 정점에 이르렀을 때 분출해낸 글자들의 신명놀이 같다. 티핑포인트.

그것은 가을 하늘 아래 운동장에서도 펼쳐진다. 어린아이들의 축제인 운동회 날, 그 중에서도 점심시간을 알리는 바구니 터트리기 게임은 가장 신이 난다. 시장기가 돌 때쯤 아이들은 장대에 매달린 달 같은 바구니를 향해 콩주머니를 힘껏 던진다. 던지고 또 던진다. 끝까지 참으며 실컷 맞고 있던 바구니는 어쩌다가 제대로 던진 마지막 한 방에 함박웃음을 지으며 갈라진다. '즐거운 점심시간.' 은가루를 뿌리며 속을 쏟아낸다. 동시에 물결치는 아이들의 환호소리가 따가운 매미 떼의 울음처럼, 세찬 비바람같이 몰아친다. 그 소리에 교정의 울타리도 터진다.

후한 말기에 '동우'라는 사람이 있었다. 당시는 모든 사람들이 자기 재주를 유력자에게 팔아서 출세도 하고 생계도 유지하는 시대였다. 그는 출세에는 뜻이 없고 가난 속에서 몸소 일하면서 학문에만 열중했다. 위나라의 천하가 되자 '시중', '대사농' 등 대신의 지위까지 올랐으며, 〈노자〉와 〈춘추좌전〉에 주석을 붙일 만큼 학문이 깊었다. 그는 글을 배우겠다고 오는 사람들에게 "내게 배우기보다 혼자서 읽고 또 읽어 보게. 백 번을 읽으면 뜻이 절로 나타날 걸세(讀書百遍義自見)."하며 거절하였다. 읽기를 수없이 하면 어느 순간 뜻을 깨닫게 되는 티핑포인트의 원리를 이미 알고 있었던 게 아닌가.

티핑포인트는 우리 삶의 모든 현상에 동동 떠다닌다.

저명하거나 매력적인 인물이 자살을 했다고 치자. 그런 관련 기사가 실린 직후이면 자살률이 껑충 뛴다는 통계가 있다.

모방력일 것이다. 보통 사람들이 속옷을 겉옷삼아 입으면 정신병자 취급을 받는다. 그러나 유명 연예인이 걸치면 유행이 되어 버린다. 연쇄반응이지 않을까. 미심쩍어하는 고객을 설득시키는 세일즈맨은 자신이 믿고 있는 정보를 적극적으로 알리려고 열변을 토하면서 계약을 성사시킨다. 견인력이지 싶다. 소수의 활약이 사회에 미치는 힘. 이 또한 티핑포인트다.

티핑포인트는 바이러스가 병을 일으킬 만큼, 개체에 다다르는 촌각을 가리키는 말이다. 물이 끓는 시점의 작용이고, 작은 변화에서 시작하여 성공에 도달하는 찰나이며, 많은 사람들이 마음을 격발시키는 소수가 갖는 영향력이다. 플러스 1의 힘인 것이다.

그 작은 것이 '때문에'라는 단어를 밀어제치고 '덕분에'라는 말을 들어앉힌다. 달변가가 늘어놓는 말에 솔깃해 있는데, 생각을 살짝 건드려 기대 이상의 반응이 터지게 한다. 맑은 마음에 튄 깜찍한 한 방울의 물처럼 기분을 최상으로 끌어올린다.

작으면서도 크고, 약하지만 강하고, 잔졸한가 하면 거창한 존재가 '1'이다. 굳건하게 움직이는 믿음이다. 스스로 높이는 프라이드다. 누구에게나 아늑하고 따스한 가슴이 되고, 마음이 되살아나게 하는 힘이다.

+1의 힘, 티핑포인트가 없다면 세상은 어떠할까.

(2001)

석남사의 가을

“울밑에 선 봉선화야 네 모양이 처량하다.”

무슨 연유인지 모르지만 요즘에 들어 자주 흥얼거려지는 노래다. 서러움에 받히는 일도 없고 괴롭거나 슬퍼할 일이 있는 것도 아니다. 은연중에 한숨처럼 새어 나온다.

왠지 글과 내가, 나와 글이 아무런 관계도 없는 듯이 느껴지는 순간이 그때다. 허공에 둥실 떠 홀로 미아가 된 것 같은 기분이 든다. 스스로 들어가면 나올 수 없는 섬에 묶이듯, 닫히면 열리지 않는 벽에 갇힌 양, 무사무려無思無慮한 시간에 잡혀 움직이지 못한다.

매사가 미지근해서 그렇다. 무기력하고 우울해지는 것은 뜨겁지도 차지도 않은 미지근함이 원인이다. 열정을 사르려 해도 그 속에서는 불붙지 못하고 이내 꺼져 버린다. 아니면 부산을 떠는 가을 성미 때문이기도 하다. 떠나가는 그 무엇들의 바쁜 채비를 짐짓 서서 바라보노라면 괜스레 심란해진다. 풍성한 결실이 널려 있어도 허허로운 마음은 채워지지 않는다. 무엇을 탓하리, 누구를 원망하리.

일상을 툴툴 털고 벗어나 보려고 버스에 몸을 싣는다. 깊은 골 솔향기에 마음의 먼지 씻고 나면 나아지려는지. 활활 불타는 단풍의 불씨 하나 얻으면 불붙어지려나. 이런저런 생각에서 정신을 차려보니 버스가 마지막 숨을 몰아쉰다.

석남사보다 가지산 자락이 먼저 마중을 나와 쉼 없이 달려온 버스를 살포시 감싼다. 하늘로부터 받은 한 방울 붉은 물빛이 산 아래로 점점 번져 온다. 잡목림 하늘거리는 줄기 끝의 잎사귀에서는 초록이 노랑으로 다홍으로 물드는 소리가 그윽하다. 단풍잎의 새빨간 물이 시리다 못해 아리다. 저 단풍 같은 뜨거운 날들이 누구에게든 있을 것이다.

큰 키로 보나 둥치로 보나 수월찮은 세월을 감고 있는 노송들. 시원스레 달음질친 진입로 곁으로 벗이듯 다정하게 따르는 너른 계곡이 사찰 앞을 질러 산속으로 고물고물 이어진다. 골짜기에 옹골차게 들어앉은 석남사가 선정禪定하는 여승처럼 아담하게 앉았다. 비구니의 치성에 부처의 자비는 온유하고 새롭다.

아득한 신라의 어느 날, 도의국사는 석남사를 짓기 시작했다 한다. 절을 지으며 얼마나 많은 깨달음과 통찰의 힘을 부여

받았겠는가. 그랬기에 그분의 인고는 빛났으리라. 아쉽게도 천 년의 세월에 도의국사의 사리는 없어지고 부도 탑만이 남아 뒷얘기를 전한다. 탑신은 지금까지도 기둥을 받치고 서 있는데 그분의 사리는 어디서 빛을 발하며 숨쉬고 있을까. '부도 가는 길→' 친절한 안내에도 불구하고 대웅전을 휘돌아 외진 곳을 찾아가는 사람은 몇 명뿐이다.

돌아 나오는 길목에서 행자승을 만난다. 숱한 발걸음 소리에 이골이 난 모양이다. 말하지도 듣지도 못하는 양, 눈길을 수수비 끝으로 모으고 뜰에 날아든 무수한 낙엽만 쓸고 있다. 무슨 생각에 잠겨 눈 한 번 들지 않고 비질만 하고 있는지. 못내 잊을 수 없는 지난 일을 되새길 수도 있겠고, 어쩌면 발원문을 외우는 데 몰입했을지도 모른다. 깨닫고 터득하는 도는 올연독좌兀然獨坐하고 염주 돌리며 참선하는 것만이 다 아니기에, 하찮은 비질 하나도 수행임에는 틀림이 없다.

유유한 사찰 경내를 돌며 대웅전 벽면에 그려진 벽화를 본다. 너른 평원 같은 곳, 긴 수염 나부끼며 먼 곳을 바라보고 있는 노인과 행자이지 싶은 소년이 피리를 불고 있다. 그 불화는 평화로움, 깨끗함, 아득함을 풍겨내면서 미지근한 내 마음을 쓸어준다. 무슨 뜻이 담겨 있는지 알 수 없으나 선계仙界의 어느 한곳이 아닐까 싶다.

부처님 전에 무릎 꿇고 허리 굽혀 백팔 배를 올리는 것은 자기낮춤의 공이다. 뭇 중생들이 사찰을 찾아 땀 흘리며 먼

길을 걷고 높은 산을 오르는 것도 공이다. 마당 한가운데 삼층 석탑 또한 공이다. 일념으로 깨고, 벼리고, 쪼아 완성하기까지 심혼을 담아야 세워지는 탑. 그래서 공 든 탑은 무너지지 않는다고 했나 보다.

사찰과 연결된 너울다리를 건넌다. 가느다란 계곡물이 한쪽으로 비켜 흐르고 그 곁으로 평평하고 너른 자갈밭이 일궈져 있다. 세상에!, 깜짝 놀랄 만큼 수백 개의 탑들이 시립해 있다. 마이산의 탑을 방불케 하는 무수한 탑들. 쪼아 다듬고 깎아지른 돌이 아닌 제각기 다른 투깔스런 모양의 돌로 바치고 디뎌 섰다. 자잘한 돌멩이로 쌓아진 작은 탑이 그지없이 앙증맞다. 그러나 위용이 서려 있다. 탑 하나하나마다 입시를 앞둔 자식을 위한 어머니의 일념이 깃들고, 자손의 무병장수를 비는 노인의 치성이 모아지고, 남편의 출세를 비는 아낙의 성심 어린 손길이 쌓였다. 그렇게 살아가는 삶도 역시 무구한 수행의 길이다.

밀밀한 탑 사이로 조심스레 발을 내디딘다. 빈자리를 찾아 몸을 싸고 앉는다. 다른 탑이 무너질세라 웅크리고 앉아 탑을 쌓고 있는 사람을 본다. 돌 한 개를 얹을 때마다 합장을 하며 간절한 그 무엇을 불어넣고 있다. 보일 듯 말 듯 입술 사이로 새어 나오는 소리는 꼭 이루고 싶은 염원일 것이다.

나도 탑 하나를 쌓는다. 기운 돌에는 받침돌을 괴어 가며 바르게 쌓아 올린다. 천천히 하나하나 올려 쌓으며 가슴속 시름을 한 겹 한 겹 걷어낸다. 미지근한 껍질들 모두모두 벗겨낸다.

햇살이 따갑게 등을 툭툭 친다. 힐끔 쳐다본다. 빛이 한꺼번에 쏘아댄다. 반사적으로 눈을 감는다. 빨갛다. 온통 빨갛다. 해가 눈으로 들어왔다. 아니, 가지산의 단풍불이 눈과 가슴을 지나 온몸으로 번진다. 맹렬히 타오르는 불의 열정에 마음이 달아오른다. 드디어 나는 가지산의 장엄하고 아름다운 단풍, 그 열정의 불씨를 건네받는다.

(1998)

미안하다 사랑한다

그것은 섞기이며 아우르기이다. 거듭 생각하고 되새겨볼 만한 내용을 담고 있다. 단순하고 기발해서 껌뻑 넘어가겠다. 갑자기 몸에 뜰힘이 든 것처럼 공중에 떠 있는 기분이 된다.

공예품 전시장에서 만난 붉은 나막신. 나무와 수정이 어울렸다. 그림자 한 번 내비치지 않는 붉은 수정과 오랜 세월에 삭아 섬약해 보이는 낡은 나막신이 조화를 이루었다. 둘은 닮은 것이 거의 없다. 굳이 찾는다면 오래 가는 것 하나다. 그것 하나로 어울릴 수 있다는 것은 온전하기보다는 부족함으로 해서 서로 의지할 수 있음을 나타낸다.

낡은 나막신 코 부분에 박힌 수정 알갱이들이 오만하게 반짝거린다. 그 수정의 당당함을 나막신의 소박함이 받쳐 들고 있다. 그래서 꽃신 같다. 그런데 조명등이다. 따뜻함과 차가움이 뒤섞이고, 부드러움과 날카로움이 같이 흐른다. 정교함과 거침이 넘나들고 낡음과 새로움이 드러난다. 참하게 잘도 어울린다.

전시장에 낯익은 음악이 흐르고 있다. 가만가만 음을 따라가 보니 명인 황병기의 음악이다. 클래식 명곡을 편곡해서 비틀기를 한 가야금 합주곡. 가야금에 미치고, 오래도록 몰두하여 빚어낸 열정의 열매이다. 치열하게 거듭나면서 새로움을 향해 낡은 껍질을 벗으려는 그의 정신으로부터 흘러나왔을 게다. 그 음악이 나막신을 바라보고 있는 내 마음을 흔든다. 가슴 깊은 곳에 있는 뜨거운 무엇을 끄집어낸다. 잠시 눈을 감지 않을 수가 없다. 감은 눈의 동공 위로 반딧불 같은 파란 혼들이 몰려나와 춤을 춘다. 서양과 동양이 만나 한마당 어우러진다. 내 혼에 충만감이 깃드는 시간이다.

전시장을 나와 가게들이 늘어선 거리를 걷는다. 'C', 두 자를 어긋 포갠 상표가 유혹의 눈초리를 보낸다. 여자라면 갖고 싶어하는 하나의 표상이 아니던가. 문을 밀치고 들어선다. 한껏 눈요기한다.

실용적이고 편안하면서도 우아함을 잃지 않는 차림새. 시간이 흘러도 변함없는 스타일은 샤넬이 지닌 독특한 매력이었다. 그래서 양갓집 처녀들이 남편감과 맞선 볼 때나, 점잖은 부인들이 특별한 자리에 참석할 때면 샤넬을 입곤 했다. 그만큼 다소곳하고 품위 있는 정장의 대명사로 조신했던 것이다. 그런데 낯선 차림새의 옷들이 태반이다. 오래된 주름스커트와 짧은 운동복 웃옷을 섞어 교복인지, 운동복인지 모를 모양새를 차려놓았다. 엄마의 오래된 원피스를 잘라 블라우스와 스카프를 만들어 걸친 딸의 옷맵시랄까. 누나의 옷장을 뒤져 자신의 바지에 어울릴 만한 셔츠를 꺼내 입은 남동생의 옷차림이랄까. 기존의 옷을 이것저것 겹쳐 섞어 낯선 복장의 양식을 선보였다. 이변이다.

붉은 나막신이 보여준 기발함과 가야금 합주곡이 들려준 비틀기와 샤넬이 내건 모험심. 갑자기 비수가 된다. 내 생각의 정수리에 꽂힌다. 아찔한 통증을 느끼면서도 한편으로는 짜릿한 쾌감이 있다. 나는 그것들을 끌어다 내 글감의 언저리에 뿌려 놓는다. 언제 싹이 터 열매를 맺을지 모르지만 그것이 커서 이룰 숲을 생각한다. 그리고는 슬쩍 지금까지 걸어온 내 글길을 되돌아본다. 가끔씩 쓴 형식 파괴의 글이 보인다. 그것에 대한 분분한 의견도 들린다. 이 말에 흔들리고 저 말에 아파하는 나의 꼬락서니가 얼핏 스친다. 보기 싫다. 해서, 쓰는 일보다 읽는 일에 열중한다. 카프카의 소설에 취하고 이상의 시를 다시 더듬는다. 그들의 상상력에 목이 메고, 가누지 못할 찬탄의 한숨을 토해낸다. 능청스런 표현과 부드러운 빈정거림에 마음을 달구고, 귀여운 심술 앞에서는 얼음이 된다. 그들은 일반적인 시와 소설로부터 끊임없이 일탈을 하고 있다.

가끔씩 수필에도 그런 바람이 분다. 그러나 고요했으면 하는 마음들이 여럿이다. 틀 안이란 비좁긴 해도 편안감에 안주

할 수 있는 배부르고 등 따신 곳이기 때문이다. 하지만 이젠 낡은 것 날려 보내고 새로운 것을 찾아야 한다. 바야흐로 시의 시대도, 소설의 시대도 아닌 수필의 시대라 하지 않던가.

타 장르의 글을 쓰는 어떤 이들은 수필을 심심풀이 여기문학으로 치부한다. 자신의 작품쓰기가 바닥을 치기 직전이거나 쓸거리가 떨어졌을 때 쓰는 여기 글 정도로 말이다. 심지어 문학임을 부인하기도 한다. 기가 막힐 노릇이다. 손아귀에선 불끈 힘이 쥐어진다. 나는 재능이 모자라서 그런지 쉽게 쓴 글이 거의 없다. 때론 한 줄을 쓰기 위해 한나절을 다 보낸다. 어떤 글감에 대해서는 며칠을, 때로는 몇 달씩 골똘한다. 수필이 왜 그런 대우를 받아야 하는지, 누구에게 그 책임이 있는지, 생각하면 화가 나면서도 어쩌지 못하는 내가 밉기만 하다.

힘든 길, 고민에 빠진다. 그럴 때마다 질문을 한다. 수필은 무엇이냐고, 수필가는 무엇이냐고. 답은 사람마다 다 다르다. 나도 내게 맞는 답이 있다. 그 답을 잊을까 봐 수시로 질문을 던진다. 그럴 때면 수필은 너 잘 걸렸다는 듯 목소리 높여 꾸짖는다. 호통치며 몰아세운다. 움츠린 채 묵묵히 듣고 있다가 나도 내팽개치겠다고 볼멘소리로 대든다. 그러나 결국에는 꾸지람이면서 칭찬이라는 것을 알아차린다. 코앞으로 끌어당겨 마주앉는다. 힘들지만 내가 비비고 기대며 아끼고 안아야 할 상대인 까닭이다. 툭 터놓고 말할 수 있는 사이이고, 이해를 떠나 기댈 수 있는 안식처이며, 경쟁보다는 관계가 중요시되는 작은 울타리여서다.

수필이 내 눈 속을 들여다본다. 어깨를 토닥거린다. '그러자. 붉은 나막신 모양으로, 가야금 합주곡처럼, 샤넬과 같은 시도를 하기 위해 더 치열해지자. 우르르 몰려가는 무리에서 떨어져 혼자의 길을 찾아 걷자. 사람들이 다녀서 잘 닦아진 길이 아닌, 험난하더라도 볼 것이 널려 있고 생각할 것이 많은 길을 걸어가자. 돌부리에 넘어지고 가시덤불에 할퀴어도 그 길이 다져지도록 걸어가 보자.' 다짐한다.

내 안에서 장난감 조립을 부순 후 울면서 그것을 다시 맞추고 있는 아이를 본다. 떠오르는 해를 쳐다보며 희망의 깃대를 꽂는 아이를 본다. 어른만 되면 바랄 게 없는 천하무적의 글쟁이가 되겠다던 조그마한 아이를 본다.

(2004)

그 소리는

차라리 안개가 자욱하게 끼었으면 하고 바랐다. 아무도 다니지 않는 길의 첫걸음처럼 걷고 싶었다. 어스름한 윤곽만으로 떠오르는 길을 따라 천천히 달리고 싶었다. 속절없이 햇살만이 눈부시게 빛난다.

한 굽이 돌 때마다 다른 모습이 기다려 가슴 설레게 하는 해안 길. 절경이 곳곳에 맺히고 어르면서 아름다이 전개된다. 짙푸른 바다, 정겨운 마을, 멋스런 소나무와 바윗돌, 갈매기 떼, 비슷하게 전개되는 풍경이 지루해질 만도 한데 산뜻이 환기되는 기분으로 갈아든다.

바다와 마주하고 살면서 또 다른 바다를 만나고자 했다. 무뎌지는 사고와 아무런 대책도 묘안도 없는 무력감을 탈피하려는 의지로, 답답한 마음 쓸어내고 엉킨 생각 풀어보려는 수단으로, 네댓 시간을 달렸다. 신라 천 년의 화랑들이 달을 즐기며 선유했던 곳. 수려한 경관에 끌리어 가니 월송정 해송들이 갈맷빛 수해樹海를 이룬다. 잔잔히 일렁이는 솔숲이 새파란 바다의 수평선을, 그 위로 연파랑 하늘을 포개어 이고 있다. 솔숲을 가로질러 바다로 달려 나간다.

그들만의 축제인가 우리를 반기는 함성인가. 드넓게 푸른 무대 위에서 심포니 오케스트라의 환상적인 연주회가 펼쳐진다. 멀리 은빛 플루트의 독주가 아름다운 선율로 다가온다. 가까이 다가와서는 팀파니와 심벌즈의 장엄한 음과 합쳐져 고막을 치고 심장을 때린다. 스테레오 포닉 사운드의 기막힌 충격이다. 감각점을 모두 일으켜 파도의 연주에 귀 기울인다. 곡명도 없다. 끈질기게 지켜온 태초의 음률이다.

그저 철썩거리는 소리가 아니다. 헤어졌다가 모였다가 격랑을 이룬다. 높이 솟는 듯 떨어지면서 우렁찬 진동으로 정신을 깨운다. 쏴―콰광, 쏴―콰광. 그 소리는 자주 대면했던 바다와는 또 다른 경이로운 눈빛과 함께 어우러진다. 조물주의 완벽한 예술품. 경외감에 숨이 멎는다. 현기증이 인다. 걸음이 휘청거린다. 도리없이 마음을 온전히 열어 놓는다. 그리고 그 소리를 흠뻑 가슴으로 듣는다. 중후하면서도 세련된 위용을 과시하는 소리. 아르페지오다. 영겁의 음악이다. 어쩌면 위로나 위안의 말보다 아름차게 보듬어 주는 자애로운 설교다.

감동이라 해도 좋다. 개안이라 해도 좋다. '이대로 영원히'라고 외치고 싶다. 경탄하고 환호하고 종당에는 아득히 하늘을 날 수밖에 없는 마음으로 움직인다. 오늘의 피로뿐 아니라 온갖 신산한 인생고까지 시원스레 녹아내린다. 함박눈이 거위 털처럼 한들거리면서 내리면 금상첨화리라.

우리의 세상사는 보기만 해도 알고 듣기만 해도 안다. 그런데도 늘 미로에 서 있는 듯하다. 아는 만큼 답답한 것이 세상일 아닌가. 바다가 출렁이며 내는 소리를 귀 기울여 듣고, 밝은 눈으로 파도의 몸짓을 보건만 알 수 있는 것은 아무것도 없다. 그러나 답답하지 않다. 도리어 마음이 열리는 소리가 들린다. 자유로움. 스스로의 침묵 속에서 저절로 체득되는 무엇인가를 낚아 올린다. 한 마리 갈매기가 된다. 바다 바다 바다.

예전에 대면했던 바다는 그냥 바다였다. 외롭고 황량했다. 늘 그렇게 보였다. 바다보다도 동행했던 친우와의 대화에 열중한 까닭인지도 모른다. 나를 찾아볼 여유조차 없었던 삶의 중량에 가위눌린 탓이었을 것이다. 고독하고 외로운 것은 애써 버려야 할 몹쓸 짐으로만 여겼기 때문이다. 그 안의 낭만과 아름다움은 보지 못했다. 광풍이 휘몰아치면 시름 맺힌 한을 푸는 한풀이라고 여겼고, 호소하고 분노하며 울부짖는 고함소리로 들었다. 따지고 항의하는 거부의 몸짓이었으며 스쳐 지나가는 치기가 아니라 격정의 용틀임이라고 믿었다.

그래서였을까. 바다에 대해서 아는 바가 없는 무지렁이면서 바다의 깊은 구렁에서 헤어나기 힘든 허무의 심연을 생각했다.

사납게 밀려오는 불안한 큰 물결과 무섭게 휩싸는 절망의 짙은 농무濃霧를 떠올렸다. 형편을 모르고 무너져 버리는 자포자기의 거센 파도를 그렸다. 무수히 맞닥뜨려야 하는 그런 것들이 모진 세상의 풍파처럼 두렵게 다가왔다. 파도소리마저 음률이라기보다 소음으로 들렸다.

깊이 감았던 눈을 뜬다. 단박에 소리가 작아진다. 망부석처럼 가부좌를 틀고 앉았던 몸을 일으켜 백사장을 걷는다. 파도의 하얀 웃음이 모래알에 슬쩍 입 맞추고는 자지러지게 웃으며 달아난다. 가느다란 곡선의 흔적을 남긴다. 흔적 위에 이름 '바다'를 적어본다. 하트도 그린다. 마음 한 가닥 전해질까 싶어 써보는 연애편지다. 손확성기를 입에 대고 큰소리로 말한다. "파도여! 네 소리의 울림에 가슴이 떨렸노라. 형체를 남기지 않고 느낌으로 남아서 좋았노라." 목소리 갈래갈래 전해보려는 전화 통화다.

멀리 수평선을 본다. 그리고 가만히 엿듣는다. 푸른 빛 채색한 아로새김에서 신비의 나래가 보인다. 보이지 않는 희뿌연 가운데서 볼 수 있는 눈밝기는 여유로움이 안겨 준 선물이다. 들리지 않는 소란스런 가운데서 들을 수 있는 귀밝기는 너그러움이 건네준 정표다. 너른 폭으로 안온히 품고 있는 수평선의 자태에서 아래로부터 천천히 차오르는 충만의 소리를 듣는다. 그 소리가 나를 감싼다.

(1997)

고독

외돌토리

외따로

외길

고독의 도가니에는 창조의 힘이 이글거린다. 어떻게 타오르고, 어떤 모양을 드러낼지 알 수 없으나 힘불은 고독을 휘감고 탄다. 쓸쓸하면서도 고즈넉한 기운이 감도는 외양이건만 내부에서는 첨예한 필침筆針과 예민한 상상력이 의기투합하고 있다. 치열할수록 승리의 함성이 크듯 고독감과 창조물은 서로 상응을 이룬다.

74세의 노인 괴테는 보헤미아 온천지대에서 21세 소녀 울리케 폰레베초프를 만나 영혼의 푸름에 반해 구혼을 한다. 젊음이 눈부셨을 것이다. 소설가 최인호는 싱싱한 생명력으로 질투심까지 유발시키게 하는 젊은 작가의 작품을 기다린다. 기다림은 은혜로운 것. 그는 드디어 번뜩이는 후배의 재능을 발견하게 된다. 하지만 어린 후배의 발걸음이 불안하여 아슬아슬한 긴장감을 안고 지켜본다. 마침내 이끌고 싶은 마음을 참지 못하고 죽비를 든다. 편지를 쓴 것이다. "오직 고독과 마주서라. 고독과 잊히는 것이 두려운가. 끊임없이 모여 문학 얘기를 하면 사교에는 도움을 준다. 그러나 창작 정신에는 독이 된다." 강변한다. "차라리 잊히어 고독 속에서 절대 독자인 자신과 맞서라." 다그친다. "자유의 광채를 뿜어내는 단단한 금강석으로 승화되기 위해서는 아니, 작품으로밖에 말할 수 없는 운명적인 작가임을 잊지 않기 위해서는 오직 고독과 마주서라." 일침을 가한다. 제 삼자인 내게 귀한 음식을 한 번 더 권해주는 말처럼 달게 느껴지는 것은 어떤 연유일까.

인내와 고통을 요구하는 외로움. 광야로 나가 사십 주야를 단식하며 허기와 고통 속에서 모든 유혹을 물리치고 갈릴래아 전도를 시작한 그리스도가 그랬다. 아름다운 아내 야수다라 태자비와 이별하고, 모든 권력과 영화가 보장되는 궁궐을 버렸으며, 춥고 배고프고 쓰라린 6년의 고행을 이겨낸 석가모니가 그랬다. 무용가 홍신자마저 그랬고, 서양화가 황주리 또한 그랬다.

창조는 외로움을 통하여 길을 연다. 어깨가 결리도록 쓸쓸하고 쓴물이 넘어오도록 고통스럽다. 하지만 그 길에는 아무도 모르는 순수하고 아름다운 힘이 도사리고 있다. 고독은 그 힘을 찾는 사람에게 아낌없이 선물한다. 간혹은 해일을 동반한 폭풍을 일으키기도 하고, 더러는 미동도 없는 수면이듯 조용하게 다가와 옴짝 못하게 결박한다. 산다는 것은 고독을 만드는 일이고 고독을 만드는 것은 사는 일. 그 등식이 사는 방식이라면 좋은 날도 있을 것이고 슬픈 날도 있을 것이다.

'물방울'만을 고집하여 그리는 김창열 화백의 그림을 만난다. 투명한 외로움이 방울져 있다. 한순간을 영원처럼 살면서 청신한 소멸을 꿈꾸던 이슬방울. 티와 먼지를 소리 없이 부여안는다. 아픔과 기쁨, 미움과 사랑, 질투와 용서의 덩어리를 끌어안는다. 하지만 고 작은 것이 흩트림 하나 없이 동그라니 맑디맑은 자태로 미소를 머금는다. 영롱하고 아름답게, 차갑고 고독하게. 이슬이 그러하듯이 우리들의 삶도 그러할 터, 투명한 외로움처럼 떨면서 견뎌야 하리. 사람이 고독한 것은 당연할진대, 일상에 발붙이지 못하고 갈등하는 이유가 뭘까.

고독은 마음의 병이다. 독獨의 독毒. 장대비를 맞아도 감각은 바윗돌처럼 무디다. 그것으로부터 탈출하려는 의지 앞에 방황과 혼란이 몰려와 진을 친다. 감당하기에 버거우니 바람을 잠재우는 산을 찾아 하소연하고, 바다의 파도소리에 마음을 턴다. 하지만 녹고 녹여도 마저 녹지 않는 무엇이 되어 짓누르는 고독.

피하지 말고 맞서라 했던가. 가다가도 외롭다 싶으면 잘못

들어선 듯 되돌아 나오고, 험하고 황량하면 눈길조차 주지 않았던 어둑한 고독의 길을 내려가 본다. 이것은 아니라고 중얼거리면서도 치적치적 걸어간다. 몇 겹에 갇힌 어둠 속이니 두려움에 가슴이 조인다. 그런데 생각은 자유자제로 세상을 향해 훨훨 날고 있다. 그것을 써내려 간다. 넘치면 넘치고 모자라면 모자라는 대로, 흐르면 흐르고 불면 부는 대로. 고독감이 내리치는 차고 매운 회초리질에 사랑을 느끼는 마조히스트가 되어 써내려 간다.

온 데를 휘젓고 다니며 펼친 상상의 나래가 윤곽을 드러낸다. 밝아오는 여명, 푸른 새벽 풍경에 휩싸인다. 외로움을 통해 고통이 아닌 창조의 세계를 발견하기에 이른 것이다. 베고 찌르는 통증이 따르긴 해도 그것이야말로 외로움 속에 숨어 있는 축복이다.

고독에는 명작을 낳는 절대적인 힘이 도사리고 있다. 도전하고픈 주제가 세워지면 먼저 통제할 수 없는 자신의 사랑과 질투로 담금질을 한다. 그림을 그리는 사람, 춤을 추는 사람, 노래를 부르는 사람, 운동을 하는 사람, 그리고 글을 쓰는 사람들은 그렇게 외로움을 즐긴다. 고독의 힘으로 혼자 다니며 포효하는 호랑이처럼.

생각해 보면 고독의 실체는 무엇에도 구애받지 않는 자유로움이다. 그것은 몸과 마음을 아프게 하면서도 무엇인가를 이룰 수 있는 희망으로 에둘린 철책이다. 쓰라림이 몰아치는 언덕 위로 가득히 떠오르는 태양이다. 선한 모양을 하는가 하면 모질기가 끝이 없다. 혼란스러워 도리를 모르기도 하고 사물의 이치를 깊이 따지는 생각들이 넘치기도 한다. 그 속에는 상상력이라는 강력한 마그마가 흐르고 있으며, 화력을 지닌 사고思考들이 들끓고 있다.

고독이여, 그대의 이름은 창조의 화신火神이다.

(2001)

서리꽃

갔다.

알 수 없는 곳으로 수아가 갔다.

소리 내지 않으려고 뒤꿈치 들고 까치발을 하고 갔는지, 〈오즈의 마법사〉의 '도로시'처럼 무슨 바람인지 모를 뜻밖의 회오리에 날려갔는지, 흔적조차 남기지 않으려고 새가 되어 날아갔는지, 아무도 모르게 갔다.

위태롭다는 소식을 듣고 서둘러 달려갔을 때는 하늘도 금세 눈발을 뿌릴 듯 낮게 내려앉았다. 수아는 우리가 다가가도 반듯이 누워 침묵으로 냉대했다. 아무리 불러도 아랑곳하지 않았다. 모차르트의 진혼곡만이 진중하게 머리 조아리며 울고 있었다. 사진틀 속에서 넘겨다보는 수아의 눈, 생글거림이 가슴을 이겨 놓는다.

동행한 친구들이 수아를 부르며 통곡한다. 나는 외마디 소리조차 못 지르고 망연자실 서 있다. 삭여야 할 고통마저 외면하는 척 고개 돌려 눈물만 꺽꺽 삼킨다. 현실만큼 극적인 고통은 없다. 그러기에 달려오면서도 현실이 아닌 꿈이길 원했다. 한 장의 스틸사진이 아니라 언제라도 필름이 다시 돌아갈 수 있는 영화의 정지화면이길 바랐다.

드라이브를 곧잘 즐기기는 했지만 운행 중에 운명을 달리할 줄 누가 예감이나 했을까. 한동안 낮과 밤 구분 않고 그림을 그렸던 그녀였다. 한순간, 한 틈이 아쉬운 듯 수채화에 매달려 열중하였다. 무엇인가에 대한 미움과 분노를 삭이려는 생각에서였거나 내리누르는 삶의 가위를 떨치려는 마음에서 그랬을 것이다. 어쩌면 그림만이 매달릴 수 있는 유일한 도구라고 여겼을지도 모른다. 그도 아니면 신을 향한 애절한 기도였고, 치기어린 항의였으며, 눈물의 고백이 아니었나 싶기도 하다.

'하왕산의 억새꽃', '산과 바다', '마곡사의 겨울바람', '월출', '서리꽃 향기'…. 감동을 전하기 위해 가슴속의 물감을 찍어내어 그림을 그려야 한다고 입버릇처럼 말하더니. 일출보다도 일몰이 더 아름답고, 어느 풍광보다도 아름다운 것은 마음을 곱게 쓸어주는 월출이라며 달을 끔찍이도 좋아하더니. 비가 오거나 안개가 자욱이 성기면 무작정 차를 몰고 나서더니.

이렇게 가야 하는가. 어이없이 이렇게 가야 하는가.

못다 그린 그림이 있고, 많은 물감이 그대로 남아 있는데 어찌하여 가려 하는가.

꿈은 허공에 맴돌며 한스러운 기운을 만드는데 어찌 누워 이렇게 외면하는가.

네가 가꾼 세상의 정만큼, 네가 보여준 의리만큼 우리는 아프고 아프다.

무심한 사람아, 잘 가시게. 정녕 잘 가시게.

평생 남은 상처일랑 남은 자의 가슴에 묻은 채 잘 가시게.

안타까운 벗들의 아픔도 마저 뿌리치고 어서 가시게, 무정한 사람아.

더 이상 부족함도, 불확실함도 없는 그곳.

언제나 머물러도 답답하지 않고 지루하지 않은 곳.

시기와 질투도, 고독과 외로움도, 더 이상의 모순도 없는 곳.

아무것도 부러울 것 없는 그곳으로 잘 가시게. 잘 가시게.

네가 떠나고 우리만 남아도, 그러나 우리는 너를 기억하겠다.

너의 정열과 너의 사랑과 너의 선한 모습을.

잘 가시게. 정녕 잘 가시게.

사람은 태어나는 순간부터 잠들지 않는 바람에 이끌려 한 생애를 산다. 그러다가 어느 날 다시 한 줌 바람으로 사그라진다. 하지만 어떤 삶이든 '고해의 바다'라고 했지 않은가. 사람들은 그 속에서 순응하는 법을 배운다. 쉬우면 쉽고 어려우면 어려운 대로, 좋으면 좋고 싫으면 싫은 대로 휩쓸려 따라간다. 수아는 자연의 설득에 거부의 몸짓조차 해보지 못한 채 허방을 디딘 것이다.

우리는 가까운 숙소로 옮겨 밤이 새도록 수아 이야기를 했다. 순진한 모습에 결리고 그리운 추억에 쓰리고 이별의 아픔으로 아린 마음을 나누었다.

희붐하니 새벽이 밝아온다. 가슴은 여전히 무겁고 답답하다. 안쪽 창을 연다. 바깥의 투명 유리창이 하얗다. 서리꽃이다. 꽃잎인지 깃털인지 분간하기 어려운, 섬세하게 그려진 꽃무리. 순간 나는 아찔한 현기증을 느낀다. 수아의 그림이라는 생각이 스쳐서다. 눈을 의심하기 어려울 만큼 그녀의 그림을 닮았다. 서리꽃이 전등불빛에 반짝거린다. 만날 수 없는 안타까움과 떠날 수밖에 없는 미련 사이의 먹먹한 통증을 말하고 있다.

'수아야, 어젯밤 노란 빛, 붉은 빛, 파란 빛을 섞고 섞어서 하얗게 서리꽃을 그렸구나. 달려온 우리들을 위해 밤새껏 펼쳐 새겼구나. 혹 우리들이 머문 방 가까이 와서도 들어오지 못하고 서성거리지 않았니? 주위를 배회하면서 창을 넘겨다봤을지도 모르겠구나. 아니 방으로 들어와 우리들과 앉아 이야기를 나누었겠다. 듣지 못하고 알아보지 못하는 우리를 야속해 하다가 서리꽃을 그렸겠구나. 더 고독한 사람이 덜 고독한 사람을 알아주고, 참는 마음이 분한 마음을 안아주는 것처럼, 서리꽃에다 못다 한 얘기를 풀어 놓았구나.'

아-, 유형과 무형의 만남은 영상에서 보듯 이렇게 안타까워야만 하는가 보다.

영하의 날씨. 모든 것이 얼어붙는다. 눈물도 얼고 발걸음도 얼고 마음도 얼음이 된다. 어쩌면 날씨조차 이다지 서럽게 하는 걸까.

(2004)

■ 연보

• 약력

1957년	충북 영동군 영동읍 양가동 190번지에서 출생.
1964년	영동초등학교 입학.
1973년	영동여자중학교 졸업.
1976년	영동여자고등학교 졸업.
1977년	방송통신대학교 행정학과 입학.
1978년~1981년	영동군청 근무.
1980년	방송통신대학교 행정학과 졸업.
1981년	12월 결혼.
1983년	부산일보에 수필 〈소박한 삶〉게재.
1985년	전국 가계부 체험 장려상 수상.
1993년	유병근 선생에게 수필창작지도 받으면서 본격적으로 수필을 쓰기 시작함.
1995년	≪수필과비평≫을 통해 〈그믐달〉로 등단, 국제신문 환경글쓰기 특선.
1996년	수필과비평, 에세이문학, 현대수필, 창작수필 등에서 작품 활동 본격 전개.
1997년	가톨릭문인협회 최우수상.
2000년	방송통신대학교 국어국문학과 입학.
2001년	≪수필과비평≫ 출신 11명이 '부산 수필과비평' 동인 결성.
2002년	≪힘쓰는 여자≫ 상재. '정태귀'에서 '정여송'이

란 필명 사용. 부산시 문예진흥기금 일부 지원 받음.

2003년 4월~8월 뷰티비젼에 수필 5회 연재.

2004년 2월 방송통신대학교 국어국문학과 졸업.

2005년 제1회 무원문학상 본상.

2006년 제11회 신곡문학상 본상.

부경대학교 대학원 국어국문학과 입학.

"미래한국 100년 인문장학금" 3학기 동안 전액 받음.

2008년 부경대학교 대학원 〈이양하 수필의 토포필리아 연구〉로 석사학위 받음.

≪마중물≫ 상재. 부산시 문예진흥기금 일부 지원 받음.

2010년 ≪에세이 포레≫를 통해 〈이양하 수필에 내재된 토포필리아 엿보기〉로 평론 등단.

현대수필가 100인선 · 87
정여송 수필선

세상나누기

초판인쇄 | 2010년 12월 20일
초판발행 | 2010년 12월 24일

지은이 | 정 여 송
펴낸이 | 서 정 환
펴낸곳 | 좋은수필사

주 소 | 서울시 종로구 익선동 30-6
운현신화타워 빌딩 3층 305호
전 화 | 02)3675-5635, 063)275-4000
등 록 | 1984년 8월 17일 제28호
홈페이지 | http://www.shinapub.com
e-mail | essay321@hanmail.net

값 7,000원

ISBN 978-89-5925-356-2 04810
ISBN 978-89-5925-247-3 (전 100권)